passages 2

G. Robert McConnell
Rosemarie Giroux Collins
Jocelyn M. Mennill

Savoir faire

D1517124

Éditions Addison-Wesley

Don Mills, Ontario • Reading, Massachusetts
Menlo Park, Californie • New York
Wokingham, Angleterre • Amsterdam
Bonn • Sydney • Singapour
Tokyo • Madrid • San Juan

CONCEPTION GRAPHIQUE : Word & Image Design Studio

COUVERTURE : conception de Pronk & Associates, à partir d'une photographie de Peter Chou

CHARGÉE DE PROJET : Wendy Moran

RÉVISION LINGUISTIQUE : Aline Germain-Rutherford

REMERCIEMENTS : *pp.18-19:* publicité et tee-shirt Les Aliments Tounatur Inc. reproduits avec la permission de Robert Alarie; *pp.76-77:* photos reproduites avec la permission de la Fédération Canadienne des Organisations de Sport pour Handicapés; *pp.120-122:* poster et photos reproduits avec la permission de Productions La Fête; *pp.162-163:* publicité Levi's reproduite avec la permission de Levi's Inc.

ISBN 0-201-55200-0

Imprimé au Canada

C D E F -FR- 99 98 97 96 95

table des **matières**

1 chacun son goût! 4

2 vive la musique! 30

3 faites vos jeux! 60

4 partons à l'aventure! 88

5 à l'affiche! 116

6 chacun son style! 146

table des verbes	174
lexique	179
index thématique	206
index linguistique	207

chacun son goût!

communication

exprimer tes préférences en « fast food »

discuter des chaînes de casse-croûte

poser des questions à quelqu'un sur les casse-croûte

passer et noter une commande au restaurant

proposer un plan pour une nouvelle chaîne de casse-croûte

expériences

rédiger une liste descriptive de «fast food» populaires

accorder une interview sur tes priorités comme client ou cliente d'un casse-croûte

consulter un menu pour commander un repas

utiliser une fiche pour noter la commande d'un client ou d'une cliente

créer un nom, un logo, un slogan publicitaire et un menu pour
une nouvelle chaîne de casse-croûte

Quels sont les «fast food» préférés des jeunes?

- Quel est ton «fast food» préféré?

- Manges-tu beaucoup de «fast food»? En moyenne, combien de fois par semaine en manges-tu?

- Quel casse-croûte fréquentes-tu souvent? Quand y vas-tu? Avec qui? D'habitude, qu'est-ce que tu commandes? (par exemple, un hamburger, un hot dog, une pizza, un sandwich sous-marin, un taco, du poulet, des frites, un lait fouetté)

- Dans la restauration rapide, il y a plusieurs grandes chaînes. Quelle est la spécialité de chaque chaîne?

- D'après toi, pourquoi est-ce que ces chaînes sont si populaires? (par exemple, on peut emporter les commandes, il y a beaucoup de choix, le service est rapide, l'ambiance est relax, les prix sont assez raisonnables)

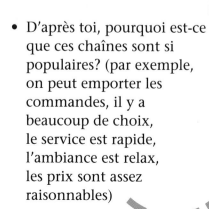

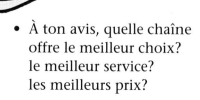

- À ton avis, quelle chaîne offre le meilleur choix? le meilleur service? les meilleurs prix?

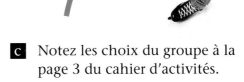

COLLABORACTION

En petit groupe...

a Faites une liste des «fast food» (aliments et boissons) populaires chez les jeunes.

b De la liste, choisissez un «fast food» qui...

- a beaucoup de calories
- a peu d'ingrédients naturels
- a très bon goût
- a un très bon rapport qualité/prix
- a un mauvais rapport qualité/prix
- est difficile à manger
- est facile à partager
- est assez épicé
- est trop épicé
- est trop gras
- est très nutritif
- est peu nutritif
- est très salé
- est très sucré

c Notez les choix du groupe à la page 3 du cahier d'activités.

d Choisissez un membre du groupe pour lire vos résultats à la classe.

Combien de fois est-ce que chaque aliment de votre liste est mentionné par les autres groupes?

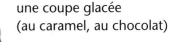

langage-ressource p.26

boîte à ressources

du chili con carne
une limonade
des nachos
du poulet (frit, rôti)
une salade (de chou, verte)
un yogourt glacé

des rondelles d'oignon

une coupe glacée
(au caramel, au chocolat)

un lait fouetté

de la poutine

des ailes/
des filets
de poulet

un chausson
aux fruits

une pomme
de terre au four

Bienvenue *chez* St-Hubert!

Entrées

Jus de tomate ou de légumes	1,15 $

NOUVEAU

ailes *de poulet*

4	2,95 $
8	4,95 $
12	6,95 $
Frites /	1,35 $

NOUVEAU

...utine	3,25 $

Soupes et salades

Poulet et nouilles	1,65 $
Poulet et riz	1,65 $
Crème de poulet	1,65 $
Soupe à l'oignon gratinée	3,25 $
Salade César	2,95 $

NOUVEAU

Demi-salade César	1,95 $

NOUVEAU

Salade Maison	2,65 $

NOUVEAU

Demi-salade Maison	1,65 $

NOUVEAU

Poitrine de poulet en salade	6,95 $

Poulet

Quart de poulet (cuisse)	5,9...
Quart de poulet (poitrine)	6,7...
Repas spécial - deux cuisses	8,6...
Demi-poulet	9,6...
Brochette de poulet	9,6...

NOUVEAU

Et maintenant,

SALADE DE CHOU ET PAIN

à *volonté:*
avec tous nos plats principaux!

CÔTES LEVÉES

Quart de poulet (cuisse) et côtes levées	11,30 $
Quart de poulet (poitrine) et côtes levées	12,10 $
Assiette de côtes levées	11,80 $
Demi-assiette de côtes levées	6,95 $
Filets de poitrine (4) et côtes levées	12,25 $

VOUS AVEZ DES QUESTIONS SUR:
La valeur nutritive des aliments St-Hubert?
Les allergies alimentaires?
Renseignez-vous auprès de votre hôtesse ou serveur!
Les Rôtisseries St-Hubert ont à coeur votre mieux-être.

FILETS DE POITRINE

2 filets	4,95 $
4 filets	6,95 $
6 filets	8,95 $

SAVIEZ-VOUS QUE...

TOUS NOS PLATS PRINCIPAUX SONT
MAINTENANT SERVIS AVEC:
Salade de chou et pain à volonté
Sauce St-Hubert...
vous pouvez en demander une deuxième!

et un choix de : • Pommes de terre
ou Riz

SANDWICHS

Sandwich club	6,35 $
NOUVEAU	
Sandwich club pour deux	3,65 $
	(par personne)
NOUVEAU	
Sandwich au poulet garni	4,35 $
"Hot chicken"	5,95 $

Ces sandwichs sont servis avec un choix de
pain brun ou blanc.
Viande blanche: 80¢ de plus.

NOUVEAU

Fajitas (2) au poulet servis avec
demi-salade (César ou Maison)
ou frites

EH LES PARENTS !

Consultez notre menu-enfant:
choix de 4 savoureux repas complets
à 1 seul prix.
OUI, SEULEMENT **3,95 $**

BOISSONS

PEPSI 7UP

NOUVEAU à volonté

Assortiment de jus de fruit	1,00 $	Café décaféiné frais	1,00 $
Lait (2%)	1,00 $ / 1,20 $	Assortiment de thés et infusions	1,00 $
Eau plate	1,00 $	Boissons gazeuses	1,25 $
Thé glacé	1,30 $		
Café à volonté	1,00 $		

DESSERTS

Desserts rafraîchissants

		Tartes et gâteaux	
			2,90 $
Coupe glacée (chocolat ou caramel)	2,15 $	Carré au chocolat	2,90 $
Crème glacée (vanille ou chocolat)	1,35 $	Gâteau à la mousse de chocolat	2,90 $
Yogourt glacé	1,45 $	Gâteau au fromage	2,90 $
Gelée aux fruits	1,45 $	Gâteau aux carottes	2,90 $
		Gâteau Forêt Noire	2,15 $
Salade de fruits		Tarte (pommes ou sucre)	2,80 $
Nature	1,85 $	Tarte avec crème glacée	2,40 $
		Millefeuille	
NOUVEAU			
Avec sauce au chocolat	2,50 $		

VEC:

7,75 $
8,55 $
11,25 $

ts,

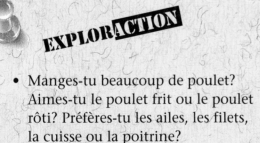

EXPLORACTION

- Manges-tu beaucoup de poulet? Aimes-tu le poulet frit ou le poulet rôti? Préfères-tu les ailes, les filets, la cuisse ou la poitrine?

- Chez St-Hubert, de quelles façons prépare-t-on le poulet?

- Si on n'aime pas le poulet, que peut-on commander?

- Comment trouves-tu les prix du menu? très bas? assez raisonnables? trop élevés?

- Qu'est-ce que tu veux commander? Avec les taxes, ça va coûter combien?

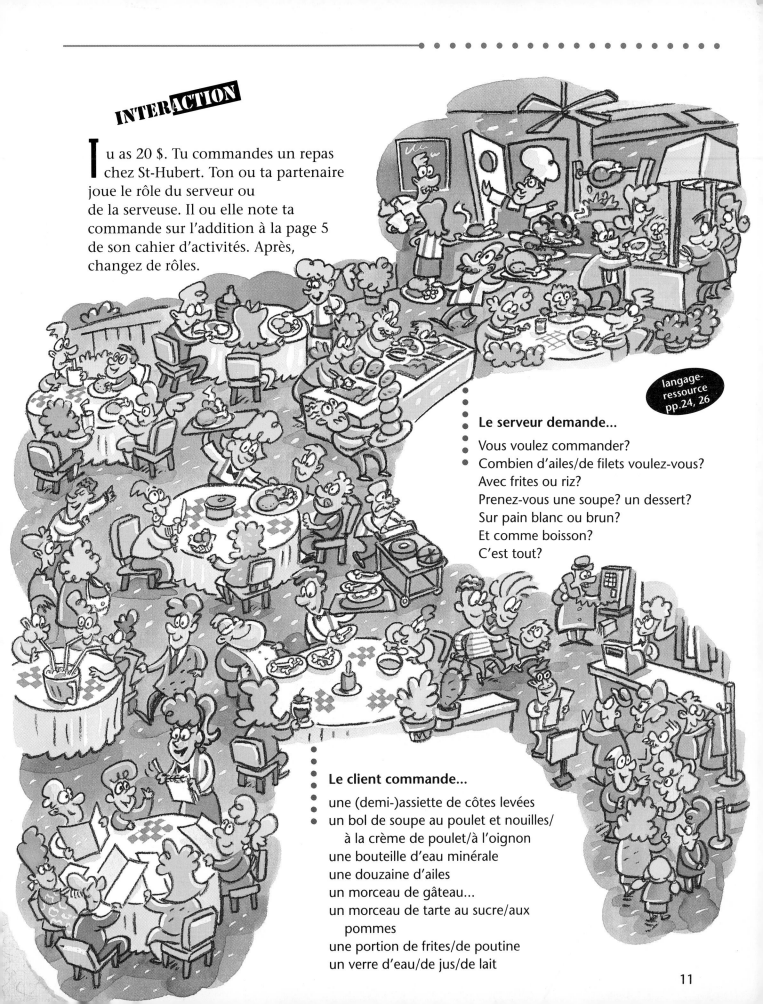

INTERACTION

Tu as 20 $. Tu commandes un repas chez St-Hubert. Ton ou ta partenaire joue le rôle du serveur ou de la serveuse. Il ou elle note ta commande sur l'addition à la page 5 de son cahier d'activités. Après, changez de rôles.

langage-
ressource
pp.24, 26

Le serveur demande...

Vous voulez commander?
Combien d'ailes/de filets voulez-vous?
Avec frites ou riz?
Prenez-vous une soupe? un dessert?
Sur pain blanc ou brun?
Et comme boisson?
C'est tout?

Le client commande...

une (demi-)assiette de côtes levées
un bol de soupe au poulet et nouilles/
   à la crème de poulet/à l'oignon
une bouteille d'eau minérale
une douzaine d'ailes
un morceau de gâteau...
un morceau de tarte au sucre/aux
   pommes
une portion de frites/de poutine
un verre d'eau/de jus/de lait

11

SAVOIR **B** COMMUNIQUER

On ne coupe jamais les coins sur la qualité.

Notre chili est nutritif. Fait avec du boeuf pur, frais, cuit sur la grille et ensuite bouilli pour enlever l'excès de gras. Nos frites croustillantes sont cuites dans du Crisco, huile végétal à 100%, sans cholestérol. Nos frostys, desserts laitier sont à la base de lait. En effet, tous nos produits sont préparés avec seulement la meilleure qualité d'ingrédients nutritifs et servi avec un sourire. Ceci prouve encore une fois, que WENDY'S ne coupe jamais les coins.

Il y en a pour tous les goûts!

LE WHOPPER EST TOUJOURS BON ET FRAIS,

LE WHOPPER

Tout le monde en parle!

... LUI AUSSI.

RÉVEILLEZ VOS PAPILLES CHEZ A&W

Savourez votre petit déjeuner parmi des visages souriants et des gens accueillants. Avec un menu qui vous donne le choix de débuter la journée tranquillement devant un copieux petit déjeuner traditionnel, ou de filer avec votre repas en main, si le temps ne vous donne pas le choix!
Un menu qui vous permet de manger à votre goût des oeufs comme vous les aimez: tournés, brouillés ou au miroir. Avec des tranches de bacon croustillant et une épaisse rôtie de pain blanc ou brun.
Si vous êtes pressé, essayez le Combo Chef-d'oeuf comprenant un Chef-d'oeuf avec bacon, des pommes de terre hachées brunes et un bon café chaud. Autrement dit un petit ... souriant.

L'OFFRE GOURMANDE
La deuxième Pan Pizza

5$
FORMAT MOYEN

8$ **GRAND FORMAT**
*De valeur égale ou moindre.

TOUS LES JOURS

CHAUSSON AUX POMMES CUIT AU FOUR

...porte la réduction des déchets à de nouveaux sommets.

On n'en a jamais assez!

On en raffole!

Depuis toujours, nous ... de réduire la quantité d'emballage nous utilisons. En remplaçant les ... lages en mousse par des feuilles d'... nous croyons avoir trouvé une so... responsable nous permettant de r...

le volume des déchets ... allages à sandwichs. ... ment.? En grande ...

... lages en mousse. Et aussi parce que nous sommes constamment à la recherche de solutions respectueuses de l'environnement pour réduire le volume de nos emballages sans compromettre la qualité des aliments que nous vous servons. Nos nouveaux ...

emballages en pap... d'attendre nos obj... Réutiliser, Recycle... voilà l'engagement ... McDonald's face ... à l'environneme...

Chez nous la qualité coûte très peu!

COLLABORACTION

Toi et tes camarades, vous êtes membres du Club des Jeunes Entrepreneurs. Comme projet, vous décidez de rédiger un plan pour le lancement d'une nouvelle chaîne de casse-croûte pour les jeunes. (*cahier d'activités*, pp.6–7)

a Déterminez le type de cuisine.

b Proposez un nom pour la nouvelle chaîne.

c Déterminez trois plats différents pour le menu et fixez le prix de chaque plat.

d Créez un logo avec une illustration et un slogan publicitaire pour capter l'intérêt des jeunes.

En groupe, présentez votre plan à la classe. La classe va évaluer tous les plans. (*cahier d'activités*, p.7)

Selon la classe, quel est le meilleur plan?

langage-ressource pp.24, 26

EXPLORACTION

• Fréquentes-tu une chaîne de casse-croûte particulière? Quelle chaîne? Pourquoi?

• À ton avis, quelle chaîne a le meilleur logo? Pourquoi?

• D'après toi, quelle chaîne fait la meilleure publicité? Où trouve-t-on ces annonces publicitaires?

LA PRINCESSE D'AIL

«C'est si bon pour la santé, on n'en a jamais assez!»

MENU

le SouvlakAil — en brochette, avec des poivrons
la FiançAil — un mariage d'ail et d'oignon
l'ÉventAil — un souffle de l'Orient
le VersAil — le roi des desserts: de la sauce à l'ail sur de la crème glacée

Ail à l'Ail! — servi dans un panier d'osier

Le Sentinel

Journal de l'École Radisson

Le Coin du Bon Goût

Dans ce numéro, quatre critiques du nouveau casse-croûte ViteFête par le jury du Club des jeunes gourmets

Denise Côté

ViteFête est déjà très populaire — tout le monde en parle. Ce nouveau casse-croûte ne fait pas partie d'une chaîne. Donc, il n'y a pas de décor « plastique » comme dans beaucoup d'autres.

Le patron, monsieur Gendron, est très aimable. Même si on commande seulement un morceau de pizza et un verre de cola, on peut rester à table deux ou trois heures. Et, cette semaine seulement, le patron offre un lait fouetté gratuit avec chaque commande! Super, non?

ViteFête a un seul petit problème — il y a beaucoup de clients, mais pas assez de personnel. Alors, le service est plutôt lent.

M I A M ! ! ! !
M

> «**ViteFête** est très écolo — le patron utilise seulement des emballages recyclables.»

Robert Lachance

Hé, les amis! Vous cherchez un nouveau casse-croûte? Essayez donc **ViteFête**! L'ambiance est formidable! On y joue du rock'n'roll toute la journée!

Vous pouvez emporter votre commande ou manger sur place. Il y a aussi une petite terrasse avec tables, chaises et parasols!

Vous aimez le poulet frit? Alors, allez chez **ViteFête**! Ce plat est excellent! Le goût est superbe et le prix est bon!

Vous arrivez à bicyclette? Pas de problème! Il y a un service-valet pour le stationnement. Chic, n'est-ce pas?

Bon appétit, les amis!

Marie-Claire Cormier

Pour moi, c'est un plaisir de recommander **ViteFête**! Le poulet rôti, par exemple, est un plat délicieux. Avec une portion de frites, une petite salade et une boisson, ça fait un repas complet. Et le prix est bon!

Une petite critique ...les coupes glacées sont très bonnes, mais le choix de desserts est un peu limité.

ViteFête est très écolo — le patron utilise seulement des emballages recyclables.

Jacques Dumas

À mon avis, **ViteFête** est un casse-croûte comme beaucoup d'autres. Les hamburgers, les hot dogs et les sandwichs sous-marins sont assez bons — mais, en général, la cuisine est moche.

Il y a trop de fromage dans la poutine et pas assez de sauce sur les côtes levées. En plus, la musique est trop forte et il est impossible de trouver une table libre. En somme, la cuisine chez **ViteFête** est mal faite!

UN HOT DOG SANTÉ?

Une santé de bon goût!

Oseriez-vous offrir un HOT DOG à tous les gens?

Les sportifs et les inactifs, les médecins et les patients,
les bambins et les "ados", les parents et
les grands-parents... et même les écolos?

Moi si! *Votre fidèle ami,*
El Perro

La saveur... sans le cholestérol
la texture... sans contenu animal
le goût... sans les additifs chimiques

Une nouvelle gamme de charcuteries végétales fabriquées avec du tofu
fait de fèves soya cultivées sans pesticides et avec une eau naturelle et pure.
Un aliment léger, délicieux et nourrissant grâce à ses protéines, ses sels
minéraux et ses vitamines essentielles.

UN PRODUIT 100 % QUÉBÉCOIS!
EN VENTE CHEZ VOTRE ÉPICIER ET CHEZ VOTRE MARCHAND D'ALIMENTS NATURELS.

Une santé de bon goût!

saucisses
HOT DOG
AU TOFU

elPERRO
(MC) (TM)

100 % naturel
99 % écolo
0 % cholestérol

POUR INFORMATIONS, ROBERT ALARIE (514) 454-5123 FAX (514) 454-5221, LES ALIMENTS TOUNATUR Inc.

vive les similarités!

En français et en anglais, il y a beaucoup de mots similaires (par exemple, inactifs – *inactive*). Quels autres exemples y a-t-il dans l'annonce publicitaire?

« PÉTANT DE SANTÉ »

saucisses
HOT DOG
AU TOFU
el PERRO

en famille!

En français, il y a beaucoup de noms et d'adjectifs de la même famille (par exemple, la fidélité ➔ fidèle). Quels adjectifs de l'annonce publicitaire correspondent aux noms suivants?

la chimie	la légèreté
les nouvelles	un délice
la culture	la nourriture
la nature	le Québec
la pureté	la bonté

la LANGUE VIVANTE

bon usage!

VOUS DÉSIREZ MADAME?

TU OU VOUS?

Quand on parle à *une seule* personne, **tu** indique la familiarité. On utilise **tu** avec des amis, les membres de sa famille, les enfants ...et même les animaux de compagnie!

Quand on parle à *une seule* personne, **vous** indique la formalité. On utilise **vous** surtout avec les étrangers et les personnes plus âgées.

Bien sûr, quand on parle à plusieurs personnes, on utilise toujours **vous**.

Est-ce que la personne qui parle utilise *tu* ou *vous*? Peux-tu inventer une phrase?

OUI, OUI! TU PEUX AVOIR UN LAIT FOUETTÉ!

CLAIRE, VEUX-TU UN SANDWICH?

NON! TU MANGES TROP DE BISCUITS!

❶

❷

❸

❹

❺

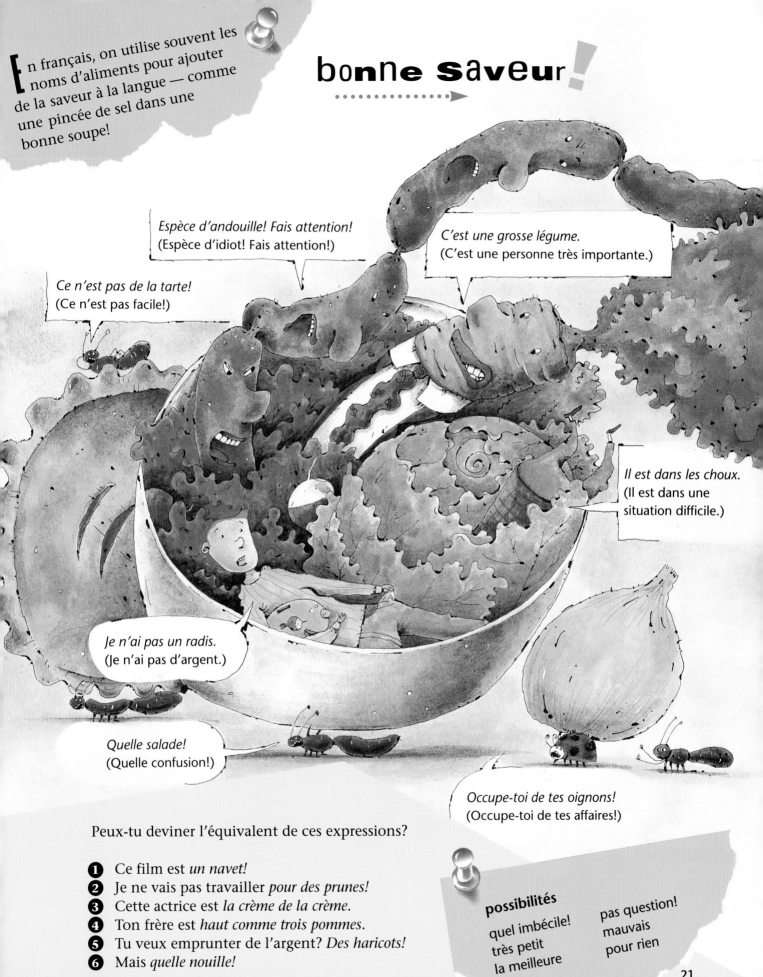

En français, on utilise souvent les noms d'aliments pour ajouter de la saveur à la langue — comme une pincée de sel dans une bonne soupe!

bonne saveur!

Espèce d'andouille! Fais attention!
(Espèce d'idiot! Fais attention!)

C'est une grosse légume.
(C'est une personne très importante.)

Ce n'est pas de la tarte!
(Ce n'est pas facile!)

Il est dans les choux.
(Il est dans une situation difficile.)

Je n'ai pas un radis.
(Je n'ai pas d'argent.)

Quelle salade!
(Quelle confusion!)

Occupe-toi de tes oignons!
(Occupe-toi de tes affaires!)

Peux-tu deviner l'équivalent de ces expressions?

1. Ce film est *un navet!*
2. Je ne vais pas travailler *pour des prunes!*
3. Cette actrice est *la crème de la crème.*
4. Ton frère est *haut comme trois pommes.*
5. Tu veux emprunter de l'argent? *Des haricots!*
6. Mais *quelle nouille!*

possibilités

quel imbécile! pas question!
très petit mauvais
la meilleure pour rien

21

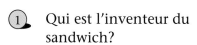

info-Quiz — à la carte!

Quel est ton savoir-faire en cuisine? Pour répondre à chaque question, écris A, B ou C sur une feuille de papier.

1 Qui est l'inventeur du sandwich?
- **A** Le comte de Club.
- **B** George Sand.
- **C** The Earl of Sandwich.

2 Qu'est-ce que c'est qu'une *baguette?*
- **A** C'est un gâteau.
- **B** C'est une petite bague.
- **C** C'est un pain long et mince.

3 Que signifie le terme *au gratin?*
- **A** Avec du fromage.
- **B** Avec de la sauce.
- **C** Avec du bacon.

4 Combien de grammes y a-t-il dans un kilogramme?
- **A** Il y en a 1000.
- **B** Il y en a 100.
- **C** Il y en a 10 000.

5 De quelle année date le premier restaurant McDonald's?
- **A** De 1955.
- **B** De 1984.
- **C** De 1964.

6 Quand sert-on les *hors-d'œuvre?*
- **A** Avant le plat principal.
- **B** Après le plat principal.
- **C** Avec l'addition.

7 Quelle est l'origine des mots *orange* et *sucre?*
- **A** Ils sont d'origine arabe.
- **B** Ils sont d'origine russe.
- **C** Ils sont d'origine anglaise.

8 Où met-on de la vinaigrette?
- **A** Sur les frites.
- **B** Sur les pizzas.
- **C** Sur les salades.

9 Quel est l'ingrédient principal d'une *tourtière?*
- **A** Le poisson.
- **B** La viande.
- **C** Les tortues.

10 Quel « fast food » est d'origine québécoise?
- **A** Les frites.
- **B** Le cheeseburger.
- **C** La poutine.

11 Quelle chaîne de restaurants est d'origine québécoise?

A Harvey's.
B Chalet Suisse.
C St-Hubert.

12 Qu'est-ce que c'est qu'une pizza *toute garnie?*

A C'est une pizza avec toutes les garnitures possibles.
B C'est une pizza avec seulement des légumes.
C C'est une pizza sans garnitures.

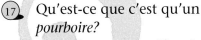

13 Qu'est-ce que c'est qu'un *filet mignon?*

A C'est un steak.
B C'est un poisson.
C C'est du poulet.

14 Où peut-on commander le *jambalaya* et le *gumbo?*

A Dans un restaurant africain.
B Dans un restaurant cajun.
C Dans un restaurant mexicain.

15 Quel «fast food» est d'origine belge?

A Les frites.
B La poutine.
C Les côtes levées.

16 Que signifie le terme *service au volant?*

A Le service est très rapide.
B On peut commander son repas de sa voiture.
C On peut commander son repas dans un avion.

17 Qu'est-ce que c'est qu'un *pourboire?*

A C'est une gratification pour le service.
B C'est une boisson gazeuse.
C C'est le prix d'un repas.

18 Pourquoi utilise-t-on un *service de livraison?*

A On aime le service à table.
B On aime commander des repas par téléphone.
C On aime lire.

19 Dans un restaurant, que signifie *libre-service?*

A Le client apporte son repas à la table.
B Le client passe sa commande au serveur.
C Le service est gratuit.

20 Qu'est-ce que c'est qu'une *carte?*

A C'est une addition.
B C'est un menu.
C C'est un repas gourmet.

Quel est ton rang dans le domaine de la cuisine?

Compte une toque *pour chaque bonne réponse.*

16 à 20   **chef de cuisine**

11 à 15   **serveur/serveuse**

6 à 10   **débarrasseur/débarrasseuse**

0 à 5   **plongeur/plongeuse**

le pronom *en*

contexte

👓 *Dans la cuisine, Arianne parle avec sa sœur Rachelle...*

– Rachelle, y a-t-il de la pizza dans le frigo?
– Non, il n'y **en** a pas.
– Alors, je vais commander du poulet. Tu **en** veux?
– Du poulet frit ou du poulet rôti?
– Du poulet rôti.
– Avec des frites?
– Bien sûr, avec des frites!
– Et de la sauce?
– Bien sûr, avec de la sauce! Tu **en** veux ou tu n'**en** veux pas?
– Euh... non, merci. Je n'ai pas faim.

fonction

Quand on ne veut pas répéter la préposition **de** et le nom d'une chose, on peut utiliser le pronom *en*.

Compare

– Paul commande **des frites**?
– Oui, il commande **des frites**.

– Paul commande **des frites**?
– Oui, il **en** commande.

– As-tu **de l'argent** pour un dessert?
– Non, je n'ai pas **d'argent**.

– As-tu **de l'argent** pour un dessert?
– Non, je n'**en** ai pas.

– Y a-t-il **du ketchup** dans le frigo?
– Oui, il y a **du ketchup**.

– Y a-t-il **du ketchup** dans le frigo?
– Oui, il y **en** a.

– Vous voulez **de la poutine**?
– Non, nous ne voulons pas **de poutine**.

– Vous voulez **de la poutine**?
– Non, nous n'**en** voulons pas.

J'ai besoin **de ketchup**.

Il y **en** a sur le comptoir.

Mange-t-elle souvent **du «fast food»**?

Oui. Elle **en** mange tous les jours!

Veux-tu **de la moutarde**?

Non, merci. Je n'**en** prends jamais.

On place le pronom *en* devant le verbe.

PRATIQUE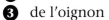

hambur...joie!

Qu'est-ce que ton ou ta partenaire veut sur son hamburger?

❶ du ketchup

> – **Veux-tu du ketchup sur ton hamburger?**
> – **Oui, j'en veux.**
> *ou* – **Non, je n'en veux pas.**

❷ de la moutarde
❸ de l'oignon
❹ de la mayonnaise
❺ de la tomate
❻ de la relish
❼ de la laitue
❽ du fromage

PRATIQUE **b**

cassons la croûte!

Sur le menu de ton casse-croûte préféré, y a-t-il...

❶ de la pizza?

> – **Oui, il y en a.**
> *ou* – **Non, il n'y en a pas.**

❷ du poulet?
❸ des tacos?
❹ de l'eau minérale?
❺ des sandwichs sous-marins?
❻ de la poutine?
❼ des laits fouettés?
❽ de la crème glacée?

PRATIQUE **c**

on mange!

À quelle chaîne de restaurants mange-t-on...

❶ des hamburgers?

> – **On en mange chez McDonald's.**

❷ de la pizza?
❸ du poulet frit?
❹ du poulet rôti?
❺ des tacos?
❻ des coupes glacées?
❼ des sandwichs sous-marins?
❽ du poisson?
❾ des côtes levées?
❿ des hot dogs?

25

comment exprimer une quantité

contexte

🔊 *Devant le comptoir du casse-croûte, Christian parle avec son frère Marcel...*

– Vite, Marcel! Le concert commence dans vingt minutes!
– Du calme. ...Dis donc, **combien d'**argent as-tu?
– Quinze dollars. Mais ne commande pas **beaucoup!** On a très **peu de** temps.
– D'accord. ...Alors, deux cheeseburgers, **une portion de** frites, un lait fouetté au chocolat et...
– Marcel! C'est **trop!** Ça fait déjà 12,80 $!
– Mais non, c'est juste **assez!** Je commande pour nous deux!
– Ah bon!
– Oui, oui! Tu peux partager mes frites!

fonction

Pour préciser la quantité, on utilise un adverbe ou une expression de quantité.

Compare

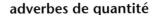

adverbes de quantité	expressions de quantité
Il ne mange pas **assez**.	Il ne mange pas **assez de** légumes.
Tu commandes **beaucoup!**	Tu commandes **beaucoup de** poulet!
C'est **combien?**	**Combien d'**oranges veux-tu?
Ce dessert est **peu** nutritif.	Ce dessert a **peu de** valeur nutritive.
Ce plat est **trop** calorifique!	Il y a **trop de** calories dans ce plat!

Vous voulez commander?

Oui, **un morceau de** pizza, s'il vous plaît.

J'ai très soif!

Voici **un verre d'**eau!

Tu prends **un morceau de** gâteau?

Volontiers!

- Dans une expression de quantité, on utilise la préposition **de (d')** + un nom.

PRATIQUE **a**

tu aimes ça?

Est-ce que ton ou ta partenaire aime...

❶
– **Aimes-tu les hamburgers?**
– **Oui, j'aime beaucoup les hamburgers!**
ou – **Oui, j'aime assez les hamburgers.**
ou – **Non, j'aime peu les hamburgers.**
ou – **Non, je n'aime pas les hamburgers!**

❷

❸

❹

❺

❻

❼

❽

❾

❿

⓫

⓬

Donne ton opinion sur la valeur nutritive de chaque aliment.

À mon avis, les hamburgers...

– **ont beaucoup de valeur nutritive.**
ou – **ont assez de valeur nutritive.**
ou – **n'ont pas assez de valeur nutritive.**
ou – **ont peu de valeur nutritive.**
ou – **ont très peu de valeur nutritive.**

CASSE-CROÛTE EXPRESS

Hamburger	2,50	Jus d'orange/de pomme	1,00/1,25
Cheeseburger	3,00	Lait nature	1,25/1,75
Poul'wich	3,50	Lait au chocolat	1,75/2,25
Hot dog	2,00	Boissons gazeuses	1,00/1,25
Hot dog avec fromage	2,50	Lait fouetté (à la vanille,	1,75
Taco au poulet	3,25	au chocolat, aux fraises)	
Morceau de pizza	2,50	Café, thé	1,25
(pepperoni, champignons)			
Frites	1,75/2,25	Coupe glacée (au caramel,	1,75
Poutine	3,50	au chocolat)	
		Gâteau au fromage	1,50
Toutes taxes incluses.		Tarte aux pommes	1,25

👓 *Colette entre dans le casse-croûte Express...*

– Bonjour! Je peux t'aider?
– Oui, merci. Un poul'wich et une petite portion de frites, s'il te plaît.
– Qu'est-ce que tu prends sur ton poul'wich?

– De la laitue, de la tomate et beaucoup de mayonnaise.
– Très bien. ...Et comme boisson?
– Un grand verre de lait nature.
– C'est tout?
– Non, je prends aussi un morceau de gâteau.
– D'accord. ...C'est à manger ici ou à emporter?
– À manger ici. Tu as du ketchup et du vinaigre?
– Oui, oui, il y en a sur le comptoir.
– Merci beaucoup. ...Alors, c'est combien?
– Ça fait... 9,00 $.

Consulte le menu et passe ta commande. Ton ou ta partenaire joue le rôle de l'employé ou de l'employée. Après, changez de rôles.

noms masculins

un casse-croûte (des casse-croûte)[†]   *snack-bar, fast food restaurant*
un choix   *choice*
un dessert   *dessert*
un goût   *taste*
un lait fouetté   *milkshake*
un morceau   *piece*
un plat   *dish*
le poulet (frit/rôti)   *(fried/roast) chicken*
un prix   *price*
un repas   *meal*
un sandwich sous-marin   *submarine sandwich*
le service   *service*
un verre   *glass*

noms féminins

une boisson   *drink*
une chaîne   *chain*
une commande   *order (in a restaurant)*
une côte levée   *sparerib*
une coupe glacée   *ice cream sundae*
des frites   *French fries*
une portion   *serving, order*
la poutine   *fries with melted cheese and gravy*

pronom

en   *some; of it/them; about it/them*

verbes

commander   *to order (food)*
emporter   *to take out (food)*
partager   *to share*

adverbes

assez (de)   *enough; quite; rather*
beaucoup (de)   *a lot (of); much; many*
combien (de)   *how much; how many*
peu (de)   *little; few; not much*
trop (de)   *too; too much; too many*

[†] invariable

vive la musique!

communication

exprimer tes préférences en musique

discuter des différentes sortes de musique

proposer de la publicité pour un nouveau disque compact

interviewer une vedette de la musique

expériences

rédiger une liste descriptive de différentes sortes de musique

accorder une interview sur le rôle de la musique dans ta vie

créer un titre, une pochette et une description publicitaire pour
un nouveau disque compact

écrire un article de magazine sur une vedette de la musique

Quelle sorte de musique est la plus populaire chez les jeunes?

- Quelle musique écoutes-tu le plus souvent? (par exemple, le blues, le funk, le jazz, le metal, le rap, le reggae, le rock, la musique classique, la musique country et western, la musique de danse, la musique rétro, la musique soul)

- Dans une chanson, qu'est-ce qui est le plus important pour toi: les paroles? la mélodie? le rythme? le message?

- Quelle musique trouves-tu la plus relaxante? la plus banale? la plus passionnante? la plus sérieuse? la plus irritante?

- Généralement, quelle sorte de musique préfères-tu écouter quand tu es seul(e)? quand tu es à une fête? quand tu fais tes devoirs?

- Quelles vedettes de la musique aimes-tu le mieux? (par exemple, un chanteur, une chanteuse, un musicien, une musicienne, un groupe musical) Pourquoi? Quelles vedettes aimes-tu le moins? Pourquoi?

- À ton avis, qu'est-ce qui détermine le plus la popularité d'une vedette de la musique? (par exemple, son talent, son apparence physique, le style de sa musique, ses concerts, sa publicité)

COLLABORACTION

En petit groupe...

a Pour chaque question, proposez une seule réponse. (Il est possible d'utiliser la même réponse plus d'une fois.)

Quelle sorte de musique...

- a le plus grand succès commercial aujourd'hui?
- affecte le plus vos émotions?
- est la plus démente?
- est la plus difficile à apprendre?
- est la moins populaire chez vos parents?
- est la plus populaire chez vos parents?
- est la meilleure pour danser?
- est le plus souvent jouée par un grand orchestre?
- est le plus souvent jouée dans les lieux publics?
- exprime le mieux les sentiments?
- présente le mieux les problèmes de la société?
- raconte le mieux une histoire?
- écoutez-vous le plus souvent?
- aimez-vous le moins?

langage-ressource pp.52, 56

b Notez les choix du groupe à la page 22 du cahier d'activités.

c Choisissez un membre du groupe pour lire vos résultats à la classe.

Combien de fois est-ce que chaque style de musique de votre liste est mentionné par les autres groupes?

Aimes-tu la musique...

cajun?
d'ambiance?
folklorique?
«New Wave»?
Nouvel Âge?
Sono Mondiale? (musique africaine, antillaise, arabe, latino-américaine, raï)

PAROLES ET MUSIQUE

MC Solaar: Qui sème le vent récolte le tempo

Polydor

Yo! Dansez les rythmes de la rue! ...Avec MC Solaar et sa bande, ça « rappe » toujours bien!

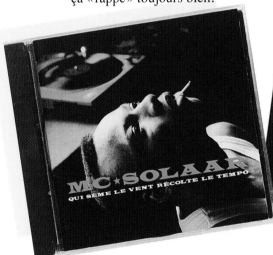

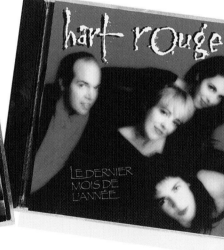

Hart-Rouge:
Le dernier mois de l'année

Trafic

Le grand succès de l'année! Hart-Rouge crée des harmonies fortement exotiques. ...Un style unique influencé par le jazz, le rock et le folk.

(Documents-ressources: Audiogram, Columbia, Polydor, les disques ISBA, les disques STAR, Trafic, Victoire)

Céline Dion: Unison

Columbia

À travers les ballades, le rock, le funk, l'incomparable Céline Dion partage ses joies et ses peines aussi bien en anglais qu'en français. ...Un tour de force musical!

Les B.B.: Snob

les disques ISBA

C'est la B.B. manie! Dans cet album, les B.B. mélangent parfaitement le son instrumental et le son vocal pour jouer du rock vraiment dément. ...Avec les B.B., ça bouge!

Daniel Lavoie: Long courrier

Trafic

Dans ses ballades touchantes, Daniel Lavoie marie tendrement ses paroles avec sa musique. Ce disque mérite de trouver immédiatement une place d'honneur dans votre collection.

Julie Masse: À contre-jour

Victoire

Julie Masse, la jeune sensation, chante le rock mieux que jamais. Julie Masse... simplement superbe!

Laurence Jalbert: Laurence Jalbert

Audiogram

Laurence Jalbert, sa voix exceptionnelle solidement plantée dans le folk-rock, chante ses espoirs et ses convictions. ...Probablement le meilleur disque de l'année!

Roch Voisine: Double

les disques STAR

Roch'n'roll! Voisine, superstar par excellence, révèle bien sa diversité avec son album *Double!* Un disque-vedette pour les fans du pop et du pop rock.

Richard Séguin: Aux portes du matin

Audiogram

Richard Séguin n'est pas seulement poète, chanteur et musicien. Dans son style folk-rock, il transmet musicalement les messages importants de sa génération. Ce disque vaut vraiment le coup!

EXPLORACTION

- Quel disque compact annoncé veux-tu acheter? Pourquoi? Qui est l'artiste ou le groupe?

- Du point de vue de la publicité, que fait une compagnie de disques pour lancer un nouveau DC? Que fait l'artiste?

- À ton avis, qu'est-ce qui affecte le plus le succès d'un disque? Est-ce un bon vidéoclip? une tournée des artistes? de la bonne publicité? le look des artistes? l'attention des médias (des interviews, des critiques, des articles, etc.)?

COLLABORACTION

Toi et tes camarades, vous travaillez dans le service de publicité d'une compagnie de disques. Vous lancez le nouveau DC d'un chanteur, d'une chanteuse ou d'un groupe. (*cahier d'activités*, p.23)

a Proposez un titre pour le disque.

b Créez une pochette avec illustrations ou photos.

c Écrivez une description pour capter l'intérêt du public.

Présentez votre pochette et votre description à la classe. La classe va évaluer tous les disques présentés. (*cahier d'activités*, p.23)

Selon la classe, quel est le meilleur disque?

langage-ressource
pp.52, 56

On peut chanter/jouer...		On peut avoir un style...		
avec délire	avec joie	avant-gardiste	dément	incomparable
avec émotion	avec passion	bizarre	émouvant	passionnant
avec humour	doucement	branché	exceptionnel	unique
avec intelligence	tendrement	déchaîné	frénétique	

La tornade
KASHTIN !

Kashtin signifie « tornade » en montagnais. Kashtin, c'est Claude McKenzie et Florent Vollant, deux Amérindiens trilingues (l'innu, le français, l'anglais) de la réserve de Maliotenam, située près de Sept-Îles, au Québec.

Le magazine Cl!k interviewe ce célèbre duo...

Cl!k: Pourquoi le nom « Kashtin » ?

Claude: Parce que tout le monde peut facilement dire Kashtin.

Cl!k: Comment définissez-vous votre musique ?

Florent: C'est du « innu-rap-pop-rock-folk-country-blues » ! Nous n'aimons pas trop préciser notre style. L'important, c'est de faire de la bonne musique. Quelquefois ça « sonne » country, quelquefois ça « sonne » rock 'n' roll. Mais ça « sonne » toujours bien.

Cl!k: Qu'est-ce qui inspire le plus vos chansons ?

Claude: La vie quotidienne... la vie de chez nous, nos amis... Les choses que nous comprenons le mieux.

Cl!k: Quelle est votre philosophie de la vie ?

Florent: « Vouloir, c'est pouvoir ! » Notre rêve, c'est de continuer à jouer le plus longtemps possible.

L'IMPORTANT, C'EST DE FAIRE DE LA BONNE MUSIQUE.

- En ce moment, quel chanteur, quelle chanteuse et quel groupe musical aimes-tu le plus? Quelle sorte de musique chante cette vedette ou ce groupe?

- Présentement, est-ce que cette vedette ou ce groupe a une chanson au palmarès? Quelle chanson?

- À ton avis, pourquoi est-ce que cette vedette ou ce groupe est si populaire?

- Veux-tu être chanteur ou chanteuse? membre d'un groupe musical? Pourquoi?

Tu es reporter pour le magazine *Cl!k*. Tu interviewes une vedette de la musique. Quelles questions vas-tu poser?

langage-
ressource
pp. 52, 56

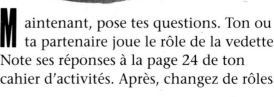

Où allez-vous donner votre prochain concert?

Quels artistes admirez-vous le plus?

Quel est le titre de votre disque le plus récent?

Quelle sorte de musique aimez-vous le mieux?

Sur quels sujets chantez-vous le plus?

Avez-vous présentement une chanson au palmarès? Quelle chanson?

Quelle est votre philosophie de la vie?

Maintenant, pose tes questions. Ton ou ta partenaire joue le rôle de la vedette. Note ses réponses à la page 24 de ton cahier d'activités. Après, changez de rôles.

Présentez ensemble votre interview à la classe.

BYE-BYE,  MON COWBOY !

···

Dora Doucette, directrice de l'agence de publicité Vantou, est dans les bureaux de Max Million, président de MagnaSon, une grande chaîne de magasins de disques. Elle fait une présentation à Max et à ses deux vice-présidents.

Oui, oui, Max. Écoute...

**Pour vos DC, cassettes et vidéos,
Pour choix et prix «en stéréo»,
Pour un service toujours superbon,
La seule adresse, c'est MagnaSon!**

Alors, Dora, tu as le nouveau clip publicitaire?

C'est bien, mais les paroles sont banales sans musique!

C'est vrai, M. M.! L'essentiel, c'est la musique!

Tu as raison, M. M.! L'important, c'est la musique!

Ah non, Dora! J'aime moins ça que la première version! Je cherche quelque chose de spécial, de passionnant!

C'est vrai, M. M.! C'est moins bon que la première version!

Tu as raison, M. M.! On a besoin de quelque chose de spécial!

Eh bien, voici la seule autre possibilité — et la dernière. C'est la version rock. ...Et ce nouveau groupe est superbe!

On écoute la cassette...

Mais tu n'es pas sérieuse, Dora! Ce groupe est vraiment trop dément, trop déchaîné, trop... je ne sais pas.

C'est ça, M. M.! ...beaucoup trop dément!

Absolument trop déchaîné!

Mais Max...

Dora, des trois clips, c'est la version que j'aime le moins! Pour MagnaSon, je cherche un son particulier...

Un *son* pour Magna*Son*! Ha! Ha! Tu es brillant, M. M.!

Brillant! Absolument brillant!

...Un son unique! ...Mais ça y est! Je vais chanter le clip moi-même!

Génial, M. M.! Génial!

Oui, oui, ...ça va donner un contact plus intime avec les clients! ...Attends un instant, Dora! Je vais chercher ma guitare!

Max prend sa guitare et commence à chanter une version «cowboy». Il chante incroyablement mal.

Quelle voix! Quel talent!

Dora se dirige vers la porte.

Mais Dora, Dora! Où vas-tu?

Tant pis! O.K. les gars! Tous ensemble... Un, deux, trois!...

Dora quitte le bureau en claquant la porte.

Le pour *et* le contre

 ton avis...

- quelle musique est la plus populaire?
- quelle musique a le meilleur rythme?
- quelle musique est la plus démente?

?

- quelle vedette chante le mieux?
- quelle vedette danse le mieux?
- quelle vedette porte les vêtements les plus bizarres?
- quelle nouvelle vedette fait sensation?
- quel groupe utilise les meilleurs effets spéciaux?
- quel groupe a le plus de talent?

- quel est le meilleur vidéoclip récent?
- quelle est la meilleure chanson au palmarès?
- qui est la meilleure vedette canadienne?
- qui joue le mieux du clavier? de la guitare? de la batterie?

Quand on est d'accord...	**Quand on n'est pas d'accord...**
C'est ça!	Pas du tout!
C'est exact!	C'est faux!
C'est juste!	Ce n'est pas vrai!
C'est vrai!	Je ne suis pas d'accord!
Je suis d'accord!	Tu as tort!
Précisément!	Tu exagères!
Tu as raison!	Tu plaisantes!

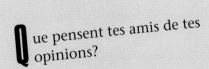

Que pensent tes amis de tes opinions?

HMV, le plus grand disquaire de Montréal, satisfait toujours sa clientèle.

vive les similarités!

En français et en anglais, il y a beaucoup de mots similaires (par exemple, satisfait – *satisfies*). Quels autres exemples y a-t-il dans l'annonce publicitaire?

en famille!

En français, il y a plusieurs groupes de mots de la même famille (par exemple, grand ➔ grand-chose, la grandeur, un grand-parent, grandir). Quels mots de l'article font partie des familles suivantes?

- un disque, une disquette, un disc-jockey, une discothèque
- un serveur, une serveuse, une serviette, servir
- musical, musicalement, un musicien, une musicienne
- l'art, l'artisanat, artistique, artistiquement
- une nation, la nationalité, le nationalisme, national

(Document-ressource: le journal *La Presse*)

Connaissez-vous HMV? C'est le supermagasin de disques à l'angle des rues Peel et Sainte-Catherine, au cœur du centre-ville.

Magasiner chez HMV est une expérience fantastique! L'atmosphère est très agréable et le choix de disques compacts et de cassettes est superbe! Et si vous voulez écouter un disque, des postes d'écoute sont à votre disposition.

Le magasin HMV a trois étages. Au niveau du métro, il y a le rock et le pop, la musique

Un service et une sélection incomparables permettent à « l'original de la musique » de prospérer.

de danse et le rap. Il y a aussi une section pour le jazz, le blues et le Nouvel Âge. Au rez-de-chaussée, on trouve les succès du «Top 40» et les

œuvres d'artistes francophones locaux et internationaux. Le premier étage est réservé à la musique classique. Comme d'habitude, la sélection est vaste et impressionnante.

Chez HMV, le personnel est aussi très spécial. Ils connaissent et adorent la musique. Il y a même un disc-jockey qui joue les nouveautés et les grands succès! Chez HMV, ça bouge!

HMV, c'est le disquaire de demain à votre service aujourd'hui!

Quelle sorte de musique cherches-tu? C'est à quel étage?

1   1er étage
R   rez-de-chaussée
    (rue Sainte-Catherine)
S   sous-sol
    (niveau du métro)

- une habitude, habituer, habituel, habituellement
- un joueur, une joueuse, un jouet, un joujou
- un jour, une journée, toujours, bonjour

*V*ive **la** *d*ifférence!

omme dans toutes les langues dérivées du latin, chaque nom en français a un genre — il est masculin ou féminin.

Souvent, la terminaison d'un nom révèle son genre. Par exemple, les terminaisons *-ier, -age, -in* et *-on* indiquent généralement un nom masculin.

-ier	*-age*	*-in*	*-on*
un cahier	le canotage	un dessin	le coupon
un caissier	le fromage	un magasin	le feuilleton
un policier	le stage	un voisin	le son

Les terminaisons *-ade, -ance, -ie, -sion, -tion, -té* et *-ure* indiquent généralement un nom féminin.

-ade	*-ance*	*-ie*	*-sion*
une arcade	l'ambiance	une comédie	la commission
une parade	la distance	une galaxie	la conclusion
une salade	la finance	une mélodie	l'émission

-tion	*-té*	*-ure*
une attraction	l'activité	une aventure
une collection	la liberté	une figure
une question	la santé	une voiture

Peux-tu deviner le genre de ces noms?

addition	carton	dossier	jardin	
agilité	complexité	élégance	langage	
agriculture	condition	étage	lapin	profession
avantage	copie	façade	lecture	quartier
balade	coton	garantie	limonade	sortie
balance	cuisinier	impression	matin	substance
ballon	description	intermission	nourriture	vérité

48

Vive la Symphonie!

Dans un orchestre, il y a des instruments à cordes, à vent (les cuivres et les bois) et à percussion. Ils sont divisés en groupes:

les cordes, par exemple, le violoncelle
les cuivres, par exemple, le cor anglais
les bois, par exemple, le hautbois
la percussion, par exemple, les timbales

Peux-tu placer les instruments suivants dans le bon groupe?

la flûte
la clarinette
les cymbales
le tuba
la contrebasse

le violon
le triangle
la trompette
le piano
la harpe

Musique-manie

Quel est ton savoir-faire en musique? Pour répondre à chaque question, écris A, B ou C sur une feuille de papier.

1. Qu'est-ce que c'est qu'un *tube*?
  A C'est un métro.
  B C'est une chanson populaire.
  C C'est un instrument de musique.

2. Depuis 1955, quelle est la chanson la plus jouée à la radio?
  A *The Twist,* par Chubby Checker.
  B *Goodbye Yellow Brick Road,* par Elton John.
  C *Yesterday,* par les Beatles.

3. Qu'est-ce que c'est qu'un *Félix?*
  A C'est un prix québécois pour excellence en musique.
  B C'est une marque de guitare électrique.
  C C'est le nom d'un magazine sur la musique.

4. Que fait-on quand on chante *a cappella?*
  A On chante avec accompagnement instrumental.
  B On chante sans accompagnement instrumental.
  C On chante en italien.

5. Que représentent *do, ré, mi, fa, sol, la, si, do?*
  A C'est la première ligne d'une berceuse traditionnelle.
  B Ce sont les huit membres d'un groupe musical.
  C Ce sont les notes de la gamme musicale.

6. Que signifient les termes *soprano, alto, ténor, basse?*
  A Ce sont des registres de la voix.
  B Ce sont les cordes d'une guitare.
  C Ce sont des noms de chanteurs italiens.

7. Combien d'instruments y a-t-il dans un *quintette?*
  A Il y en a cinq.
  B Il y en a quinze.
  C Il y en a cinquante.

8. Qui porte un *tutu?*
  A Un chanteur de reggae.
  B Un chanteur d'opéra.
  C Une ballerine.

9. Qui appelle-t-on le « roi du rock'n'roll »?
  A Michael Jackson.
  B Elvis Presley.
  C Prince.

50

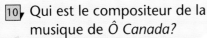

10. Qui est le compositeur de la musique de *Ô Canada?*
  A Gilles Vigneault.
  B Félix Leclerc.
  C Calixa Lavallée.

11. Quelle ville des États-Unis appelle-t-on «la capitale du jazz»?
  A La Nouvelle-Orléans.
  B New York.
  C Detroit.

12. Dans quel état américain la musique cajun a-t-elle ses origines?
  A Le Texas.
  B La Californie.
  C La Louisiane.

13. Qu'est-ce que c'est que le *calypso?*
  A C'est une musique des Antilles.
  B C'est une forme de musique rap.
  C C'est un style de musique disco.

14. Quel pays célèbre-t-on dans la chanson *Mon Pays?*
  A Le Canada.
  B La France.
  C La Suisse.

15. Quelle salle de spectacle appelle-t-on «le temple de la musique country et western»?
  A Radio City Music Hall à New York.
  B Preservation Hall à la Nouvelle-Orléans.
  C The Grand Ole Opry à Nashville.

16. Qui est l'inventeur du saxophone?
  A John Philip Sousa.
  B Le duc de Wellington.
  C Adolphe Sax.

17. Quel instrument n'est pas un instrument à vent?
  A L'accordéon.
  B Le tambour.
  C La cornemuse.

18. De quel instrument joue-t-on avec un archet?
  A On joue du piano.
  B On joue du violon.
  C On joue de la guitare.

19. Combien de touches y a-t-il sur le clavier d'un piano?
  A Il y en a 64.
  B Il y en a 100.
  C Il y en a 88.

20. Qu'est-ce que c'est que le *palmarès?*
  A Une danse sud-américaine.
  B La liste des chansons les plus populaires.
  C Le chef d'un orchestre.

Quel est ton rang dans le domaine de la musique?

Compte une note ♪ pour chaque bonne réponse.

16 ♪	à 20 ♪	**maestro**
11 ♪	à 15 ♪	**artiste**
6 ♪	à 10 ♪	**amateur, amateure**
0 ♪	à 5 ♪	**débutant, débutante**

comment faire des descriptions

contexte

Natalie joue de la guitare pour sa copine Julie...

– Bravo, Natalie! Tu joues **très bien**!
– Et après **seulement** cinq leçons. Pas **mal**, hein?
– C'est super!
– Tu penses **vraiment**?
– Oui, oui! Nous allons faire sensation au concert de l'école.
– ...Nous?
– Mais **certainement**. Moi, je vais chanter, et toi, tu vas jouer...
– ...Tu es folle, Julie? Je ne joue pas **assez bien** pour ça!
– Mais Natalie, j'ai **déjà** un nom pour notre duo... *Les Démentes.* ...Chouette, non?
– Tu parles! Pour nous, le seul nom possible, c'est *Les Débutantes!*

fonction

On utilise un adverbe pour modifier le sens d'un verbe, d'un adjectif ou d'un autre adverbe.

Compare

Elle chante.
Elle chante **bien**.
Elle a une **belle** voix.

Elle chante **bien**.
Elle chante **vraiment bien**.
Elle a une **très belle** voix.

les adverbes en -*ment*

l'adjectif		l'adverbe
facile	→	facilement
certaine	→	certainement
première	→	premièrement
sérieuse	→	sérieusement
naturelle	→	naturellement
active	→	activement

quelques adverbes utiles

assez	peu
aussi	plus
beaucoup	plutôt
bien	quelquefois
bientôt	si
déjà	souvent
encore	surtout
enfin	tard
ensemble	toujours
maintenant	tout de suite
mal	très
moins	trop
	vite

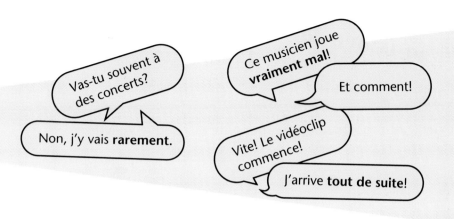

Vas-tu souvent à des concerts?

Non, j'y vais **rarement**.

Ce musicien joue **vraiment mal**!

Et comment!

Vite! Le vidéoclip commence!

J'arrive **tout de suite**!

• Pour former certains adverbes, on ajoute **-ment** à la forme féminine de l'adjectif.
exceptions:
absolu ➜ *absolument*
vrai ➜ *vraiment*

PRATIQUE **a**

les goûts musicaux

Est-ce que ton ou ta partenaire écoute...

1 du rock?

  – **Écoutes-tu du rock?**
  – **Oui, j'écoute très souvent du rock.**
ou – **Oui, j'écoute souvent du rock.**
ou – **Oui, j'écoute quelquefois du rock.**
ou – **Non, j'écoute rarement du rock.**
ou – **Non, je n'écoute jamais de rock.**

2 du jazz?
3 du metal?
4 du rap?
5 de la musique classique?
6 de la musique country et western?
7 de la musique rétro?
8 de la musique de danse?

PRATIQUE b

toute la gamme!

Quelle est probablement la spécialité de chaque vedette?

▶ C'est probablement un chanteur d'opéra.

PRATIQUE C

c'est la fête!

 *Alain et Louise cherchent
un disque compact pour une fête...*

– Regarde, Louise, il y a des disques compacts en solde!
– ...Tiens! Il y a même *Acier et Fer* par Les Déchaînés!
– Du metal? Mais c'est beaucoup trop dément!
– Alors, que proposes-tu?
– *J'ai le blues* par Ella Lecafard. Elle chante vraiment bien!
– Écoute, Alain, pas tout le monde aime le blues.
– Tu as probablement raison.
– Pourquoi pas *Les Années 60... Ça swing!* par
  Frankie Babylon?
– Oui, oui, de la musique rétro!
  Excellente idée!

Quelle sorte de musique est représentée par chaque disque compact?

Toi et ton ami ou amie, vous êtes chez *DiscoMonde*. Quel disque voulez-vous acheter? Créez une conversation.

comment faire des comparaisons

contexte

👂 *Léon et son copain Daniel regardent une émission de vidéoclips...*

– Regarde, Daniel! C'est le nouveau
    vidéoclip des *Dingues!*
– Et alors?
– Ils chantent bien!
– À mon avis, **moins bien que**
    Les Déments.
– Tu blagues! Ils chantent **aussi bien que**
    Les Déments!
– Moi, j'aime **mieux** *Les Déments.*
– Mais leur musique est si, si... si démente!
– Justement!

fonction

On utilise les expressions **aussi, moins** ou **plus** pour modifier
le sens d'un verbe.

Compare

▲ **20,00 $**   ▲ **23,00 $**   ▲ **23,00 $**   ▲ **25,00 $**

Le disque de Daniel Lavoie coûte **aussi cher que**
    le disque de Julie Masse.
Le disque de Julie Masse coûte **plus (cher) que**
    le disque de Céline Dion.
Le disque de Julie Masse coûte **moins (cher) que**
    le disque de Roch Voisine.
C'est le disque de Roch Voisine qui coûte **le plus (cher)**.
C'est le disque de Céline Dion qui coûte **le moins (cher)**.

Ça va toujours mal?

Non, ça va **mieux** ce soir.

Quelle musique écoutes-tu **le plus souvent**?

Du rock, naturellement!

Il joue bien de la guitare!

Oui, mais **moins bien que** sa sœur!

J'aime **mieux** le metal **que** le rock.

Ah oui? C'est le metal que j'aime **le moins**.

- Pour la forme superlatif d'un adverbe, on utilise *le plus* ou *le moins*.
- les formes de l'adverbe *bien*: **aussi bien, moins bien, mieux, le mieux**

PRATIQUE

les préférences musicales

Est-ce que ton ou ta partenaire aime mieux...

❶ le rock ou le jazz?

> – **Aimes-tu mieux le rock ou le jazz?**
> – **J'aime mieux le rock que le jazz.**
> – **Pourquoi?**
> – **Parce que le rock est plus dément!**
> *ou* – **Parce que le rock est moins ennuyeux!**

❷ la musique classique ou la musique de danse?

❸ le rap ou le reggae?

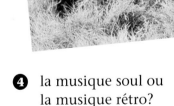

❹ la musique soul ou la musique rétro?

❺ le blues ou le metal?

❻ la musique country et western ou le rock?

possibilités

banal, banale	ennuyeux, ennuyeuse
branché, branchée	irritant, irritante
calmant, calmante	passionnant, passionnante
déchaîné, déchaînée	relaxant, relaxante
dément, démente	rythmique
émouvant, émouvante	sérieux, sérieuse

PRATIQUE b

Manon Leclair écoute
la radio 5 fois par semaine.
Qui écoute la radio aussi souvent,
moins souvent ou
plus souvent que Manon?

▶ **Robert Deschamps
écoute la radio moins
souvent que Manon.**

- Qui écoute le plus souvent
  la radio?
- Qui écoute le moins
  souvent la radio?
- Et toi, écoutes-tu la radio aussi
  souvent, plus souvent ou
  moins souvent que Manon?

SONDAGE-RADIO

En moyenne, combien de fois par semaine écoutes-tu la radio?

NOM	NOMBRE DE FOIS PAR SEMAINE												
	0	1	2	3	4	5	6	7	8	9	10	11	12
Manon Leclair						✓							
Robert Deschamps				✓									
Fabien Aubin								✓					
Roseanne Boisvert												✓	
Angélique Clouthier			✓										
Pascal Favreau											✓		
Pauline Gendron					✓								
Lucien Nadon									✓				

PRATIQUE c

tes opinions personnelles

Comment vas-tu compléter chaque phrase?

1. De tous les chanteurs, c'est ... qui chante le mieux.
2. De toutes les chanteuses, c'est ... qui chante le mieux.
3. De tous les groupes musicaux, c'est ... que j'aime le plus.
4. De tous les groupes musicaux, c'est ... que j'aime le moins.
5. De toutes les stations de radio,
   c'est ... que j'écoute le plus.
6. De toutes les stations de radio,
   c'est ... que j'aime le moins.
7. De toutes les émissions de
   vidéoclips, c'est ... que je regarde le plus.
8. De toutes les émissions de
   vidéoclips, c'est ... que je regarde le moins.
9. De toutes les sortes de musique,
   c'est ... que j'aime le plus.
10. De toutes les sortes de musique,
    c'est ... que j'aime le moins.

noms masculins

un disque compact/DC   *compact disc/CD*
un groupe musical   *music group*
un musicien   *musician*
un rythme   *rhythm*
un son   *sound*
un style   *style*
un succès   *success*
le talent   *talent*

noms féminins

une musicienne   *musician*
une fête   *party*
une mélodie   *melody*
une parole   *word, song lyric*
la popularité   *popularity*
une voix   *voice*

pronom

qu'est-ce qui   *what*

adjectifs

banal, banale   *boring, "blah"*
dément, démente   *crazy, wild*
irritant, irritante   *irritating, annoying*
musical (musicaux), musicale   *musical*
passionnant, passionnante   *exciting*
sérieux, sérieuse   *serious*
seul, seule   *alone*

verbes

chanter   *to sing*
danser   *to dance*
écouter   *to listen to*

adverbes

généralement   *generally, usually*
mieux   *better; best*
moins   *less; least*
plus   *more; most*
probablement   *probably*

faites vos jeux!

communication

exprimer tes préférences en sports

discuter des événements sportifs et des émissions sportives

donner un bulletin de sport à la radio ou à la télévision

proposer une brochure sur l'activité physique

expériences

rédiger une liste descriptive d'athlètes et de leurs sports

accorder une interview sur le rôle des sports dans ta vie

rédiger et présenter un bulletin de sport à la radio ou à la télévision

créer une brochure avec commentaires sur l'activité physique

Quels sports sont les plus populaires?

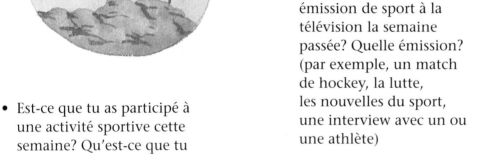

- Quel sport trouves-tu le plus passionnant? Est-ce un sport d'équipe ou un sport individuel? Pourquoi aimes-tu ce sport?

- À ton avis, quel sport exige le plus de coordination? de courage? de dextérité? d'endurance? de force physique? d'intelligence? de rapidité? de souplesse? de stratégies?

- Est-ce que tu as regardé une émission de sport à la télévision la semaine passée? Quelle émission? (par exemple, un match de hockey, la lutte, les nouvelles du sport, une interview avec un ou une athlète)

- Est-ce que tu as participé à une activité sportive cette semaine? Qu'est-ce que tu as fait?

- Est-ce que tu as déjà assisté à un événement sportif professionnel? À quel événement? (par exemple, un match de baseball, une course de vélos, un tournoi de tennis, une compétition de natation)

- À ton avis, est-ce qu'il est important de pratiquer un sport? (par exemple, c'est bon pour la santé, la relaxation, le contrôle du poids, le développement des muscles, l'esprit d'équipe, la camaraderie)

COLLABOR**ACTION**

En petit groupe...

a Pour chaque question, proposez le nom d'*un* ou d'*une* athlète et indiquez son sport.

Quel athlète ou quelle athlète...

- a gagné un championnat mondial?
- a remporté une médaille aux Jeux olympiques?
- a joué dans la série mondiale de baseball?

- a démontré un courage exceptionnel?
- a marqué un but gagnant dans les finales de la Coupe Stanley?
- a représenté le Canada dans un tournoi international?
- a établi un nouveau record olympique?
- a réussi une carrière sportive remarquable?
- a fini le premier ou la première dans une course?
- a battu plusieurs records dans son sport?
- a fait des vidéos sur le conditionnement physique?
- a fait de la publicité pour des articles d'équipement sportif?

langage-ressource p.82

b Notez les choix du groupe à la page 42 du cahier d'activités.

c Choisissez un membre du groupe pour lire vos résultats à la classe.

Combien de fois est-ce que les autres groupes ont mentionné chaque athlète de votre liste?

Devant le micro!

Marie-Josée Turcotte

Marie-Josée Turcotte est native de Sherbrooke et a fait des études en histoire à l'Université de Montréal. Elle a commencé sa carrière d'animatrice à la station CIBL, à Montréal.

Plus tard, elle a travaillé à CHFA et à CBXFT à Edmonton. Elle y a présenté des émissions de sport, de variétés et de musique.

De retour à Montréal, Marie-Josée est la première femme à travailler comme annonceuse de sport à Radio-Canada. Dans ce rôle, elle a fait plusieurs reportages sur les Jeux olympiques et sur la Coupe du Monde de Ski.

Jean Pagé

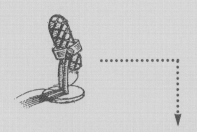

Lionel Duval

Jean Pagé a commencé sa carrière d'annonceur à la station de radio CJMT, à Chicoutimi.

Quelques années plus tard, il a débuté à Radio-Canada, à Québec. Dans la capitale, il a animé une émission sur la politique. Il a aussi participé à des reportages sportifs à la télévision.

Évidemment, il a beaucoup aimé ce travail, car il a décidé d'être journaliste sportif à plein temps. Il a déménagé à Montréal, où il a présenté beaucoup de reportages importants — les Jeux du Commonwealth, les Jeux olympiques et la Coupe du Monde de Soccer.

Lionel Duval a débuté à la station CKCH, à Hull. C'est ici qu'il a fait ses premières descriptions de matchs de hockey.

Après quelques années à Hull et à CBOFT, à Ottawa, Lionel a accepté le poste d'annonceur à Radio-Canada, à Montréal. Il a fait des descriptions de matchs de baseball et de football.

Mais Lionel Duval est surtout un spécialiste du hockey. Entre les périodes de la Soirée du hockey, il interviewe les grandes vedettes de la Ligue Nationale. C'est pourquoi son nom est inséparable du hockey à la télévision de Radio-Canada.

EXPLORACTION

- Préfères-tu regarder les nouvelles du sport à la télévision ou écouter les nouvelles à la radio? Pourquoi?

- Que fait une station de radio ou de télévision pour mettre de la variété dans les nouvelles du sport?

- Est-ce que tu as regardé ou écouté les nouvelles du sport hier? Quelles équipes ont joué? Qui a gagné? Qui a perdu? Quels joueurs ont marqué des buts ou des points?

- Quelle vedette du sport a fait quelque chose de spécial cette semaine? Qu'est-ce que cette personne a fait?

INTERACTION

Toi et ton ou ta partenaire, vous animez un bulletin de sport à la télévision ou à la radio. Vous devez rédiger un script de 30 secondes pour annoncer les dernières nouvelles. (*cahier d'activités*, p.43)

a sports d'équipe: pour chaque match, notez les noms des équipes, le score et *un* détail important.

b sports individuels: notez le nom de l'athlète et donnez ses résultats.

Présentez ensemble votre bulletin à la classe.

Pour commencer l'émission à la radio:

Bonjour/Bonsoir, chers auditeurs!

Pour commencer l'émission à la télévision:

Bonjour/Bonsoir, chers téléspectateurs!

langage-ressource p.82

les sports en direct!

parlons sports d'équipe!

Dans la Ligue Nationale de Hockey,
   voici les derniers scores.
À Vancouver, les Canucks ont gagné
   contre les Leafs par un score de 3 à 1.
Les Red Wings ont battu les Black Hawks, 6 à 0.
En prolongation, les Flames ont perdu
   5 à 4 contre les Canadiens.
Marc Lapointe a réussi deux buts et une passe.
Le gardien de but des Nordiques a fait 36 arrêts.
Les Nordiques sont maintenant en première
   place de leur division.
En basket-ball, l'université York, 95,
   l'université de Guelph, 90.
En football, les Argos et les Tiger Cats ont
   fait match nul, 21 à 21.

Paul Placage a marqué un but (six points,
   une touche).
Louis Lebâton des Expos a frappé un
   simple, deux doubles et un coup de circuit.

parlons sports individuels!

Lucie Lapalme a établi un nouveau
   record en natation.
En tennis, Gitta Gripp a blanchi son
   adversaire en trois sets.
Au championnat mondial de gymnastique,
   Neva Faloff a remporté la médaille d'or.

1, 2, 3... PARTEZ!

Pour être plein de vitalité, il n'y a pas de formule magique, pas de prescription d'exercices. L'important, c'est de bouger, de jouer, de participer! C'est amusant ...et c'est facile!

Qu'est-ce que tu as fait l'an dernier pour être en bonne forme?

Il n'est pas nécessaire d'être athlète professionnel pour profiter des avantages de l'activité physique régulière. L'activité physique est excellente pour le corps, l'esprit et le moral. Elle...

Renée: Moi, j'ai promené mon chien Prince tous les jours après le dîner — même en hiver! En plus, pour la première fois, j'ai participé à un tournoi de softball à l'école. Mon équipe a perdu, mais c'est la vie, n'est-ce pas?

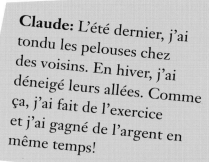

Claude: L'été dernier, j'ai tondu les pelouses chez des voisins. En hiver, j'ai déneigé leurs allées. Comme ça, j'ai fait de l'exercice et j'ai gagné de l'argent en même temps!

- améliore la santé.
- diminue le stress.
- aide à contrôler le poids.
- donne de l'énergie.
- fortifie les muscles.
- aide à mieux dormir.

(Document-ressource: *Vitalité, Santé et Bien-être social du Canada*)

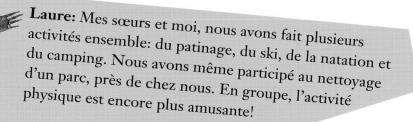

Laure: Mes sœurs et moi, nous avons fait plusieurs activités ensemble: du patinage, du ski, de la natation et du camping. Nous avons même participé au nettoyage d'un parc, près de chez nous. En groupe, l'activité physique est encore plus amusante!

Jean-François: L'été passé, mes parents (de vrais écolos!) ont vendu leur voiture. Au revoir, taxi familial! Bonjour, bicyclette et marche à pied! Voilà deux moyens de transport écologiques et bons pour la santé!

Yvonne: Comme toujours, j'ai pratiqué plusieurs sports. Mais l'été passé, j'ai fait quelque chose de vraiment spécial! J'ai aidé la famille de ma copine à construire un chalet. Ça, c'est une vraie activité physique!

Daniel: L'an dernier, j'ai gardé mes petits frères après la classe. Chaque jour, j'ai emmené les petits au parc. Nous avons observé les différentes espèces d'oiseaux. Avec ces observations, j'ai réussi à avoir un «A» sur mon dernier projet de sciences!

Et toi, à quelles activités physiques as-tu participé l'année passée? Raconte tes expériences à tes camarades!

EXPLORACTION

- À ton avis, quel jeune a fait l'activité la plus...

  amusante?　　intéressante?
  extraordinaire?　　unique?

- À part les sports, qu'est-ce que tu as fait l'an dernier comme activité physique?

Toi et tes camarades, vous décidez de créer une brochure sur la santé physique. À part les sports, quelles activités allez-vous proposer? (*cahier d'activités*, p.45)

a Proposez un titre pour votre brochure.

b Créez une couverture avec illustration.

c Proposez des activités. (Chaque membre du groupe doit rédiger un commentaire personnel sur une activité.)

En groupe, présentez votre brochure à la classe. La classe va évaluer toutes les brochures. (*cahier d'activités*, p.46)

Selon la classe, quelle est la meilleure brochure?

activités possibles

danser
faire un bonhomme de neige
faire du camping
faire des commissions pour des personnes handicapées
faire du jardinage
faire le ménage
faire du taï-chi
faire du yoga
faire de la raquette

jouer au frisbee avec son chien
lancer des cerf-volants
laver son animal de compagnie
laver les vitres de la maison
laver la voiture
livrer des journaux et des dépliants
prendre des leçons d'auto-défense
ramasser des déchets sur la plage
ranger le garage
ratisser les feuilles
redécorer sa chambre

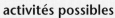

UNE HEURE PLUS TARD...

OUF! C'EST UN MATCH TRÈS SERRÉ — POIGNET A FINI ET LE SCORE EST DE 49 À 49!

ON ASSISTE AUJOURD'HUI AU TOURNOI DE L'ANNÉE!... DE LA DÉCENNIE!... DU SIÈCLE!

ATTENTION! C'EST LE DERNIER LANCER DE BRALON! ET IL COMPTE! CHEZ LES FANS, C'EST LA FOLIE! ÇA FAIT 50 POINTS — IL A ÉTABLI UN NOUVEAU RECORD!

BRALON A GAGNÉ!

BRAVO! BRALON EST LE NOUVEAU CHAMPION DU MONDE!

...ET IL ACCEPTE MAINTENANT SON TROPHÉE — LE FRISBEE D'OR! SES ADMIRATEURS SONT FOUS DE JOIE!

BRALON #1

BRALON CHAMPION

VICTOR ET LISE ARRIVENT SUR LE TERRAIN DE JEU POUR INTERVIEWER BRUNO BRALON.

NOUS VOICI AVEC LE NOUVEAU CHAMPION!... FÉLICITATIONS, BRUNO! VOUS AVEZ REMPORTÉ UNE SUPERBE VICTOIRE!

CHAMPION DU MONDE EN FRISBEE! LE COMBLE D'UNE CARRIÈRE SPORTIVE! LE SOMMET! LE ZÉNITH! LE PINACLE!

MERCI BEAUCOUP!

VOUS AVEZ TOUT ACCOMPLI, BRUNO! VOUS ALLEZ SANS DOUTE PRENDRE UN PEU DE REPOS BIEN MÉRITÉ.

DU REPOS? MAIS VOUS BLAGUEZ! JE PARS DEMAIN POUR LA GRANDE COMPÉTITION EN AUSTRALIE.

QUELLE COMPÉTITION? VOUS ÊTES DÉJÀ LE CHAMPION DU MONDE EN FRISBEE.

FRISBEE? MAIS QUI PARLE DE FRISBEE? LE FRISBEE, C'EST LE PASSÉ. LE FUTUR, C'EST LE BOOMERANG!

le volant

le court

parlons

SPORT!

À ton avis, quel sport est l'objet de chaque reportage?

le lanceur

le frappeur

❶ « Martin saisit la rondelle! ...Il déjoue la défensive! ...Il lance! ...Il compte! »

❷ « La balle a touché le filet ...mais elle tombe sur la ligne! Le score est de 30 à 15 pour Gendron. »

❸ « La balle est sur le vert, à deux mètres du drapeau. »

le drapeau

le trou

l'arbitre

le gardien de but

❹ « Johnson prend sa place dans la boîte du frappeur. Le compte est trois balles et deux prises... »

❺ « Lebrun a essayé de faire un smash, mais elle a raté le volant! »

❻ « Oh là là! C'est la pénalité! Les Atomes ont trop de joueurs sur la glace! »

❼ « Ça fait trois sets à deux pour Dubé! ...Elle lance sa raquette en l'air! Elle a gagné le tournoi! »

❽ « ...Et c'est un but sur balles. Pas de coup de circuit pour Martinez dans ce match... »

❾ « Quel superbe coup de pied! ...Mais l'arbitre arrête le jeu. Le ballon a dépassé les limites du terrain. »

❿ « Dumont a évité l'obstacle d'eau. Elle a joué un excellent trou. »

⓫ « Les six joueurs de chaque équipe sont prêts. ...Et voilà le premier service des Tornades! Mais le ballon tombe à l'extérieur du terrain! »

⓬ « Le ballon est devant le filet ...bloqué à la dernière minute par le gardien de but! »

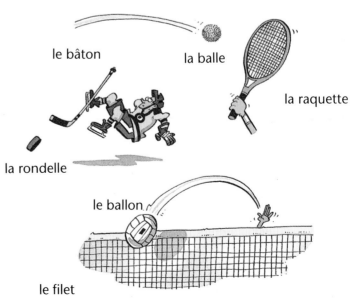

le bâton

la balle

la raquette

la rondelle

le ballon

le filet

Les Jeux paralympiques:

Les Jeux paralympiques représentent l'événement sportif le plus important du monde pour les athlètes handicapés.

Les Jeux paralympiques représentent l'événement sportif le plus important du monde pour les athlètes handicapés. Ces athlètes, masculins et féminins, participent au plus haut niveau de compétition possible. D'habitude, ces compétitions sont disputées quelques semaines après les Jeux olympiques. Les athlètes handicapés utilisent les mêmes installations et les mêmes lieux de compétition que les athlètes olympiques.

Les premiers Jeux paralympiques ont eu lieu à Rome, en 1960. Quatre cents athlètes de 23 pays y ont participé. De nos jours, environ 4000 personnes représentent plus de 90 pays à ces compétitions.

Les sports les plus populaires aux Jeux paralympiques sont l'athlétisme, le basket-ball et la natation. En athlétisme, il y a les trois compétitions habituelles: la course, les sauts et le lancer. Pour le basket-ball, les joueurs sont en fauteuil roulant. En natation, il y a deux sortes de compétition: la première pour les nageurs aveugles et la deuxième pour les athlètes qui ont d'autres handicaps.

Les Jeux paralympiques — il n'y a pas de meilleur exemple de courage!

(Document-ressource: cahier de presse de la *Fédération Canadienne des Organisations de Sport pour Handicapés*)

vive les similarités!

En français et en anglais, il y a beaucoup de mots similaires (par exemple, représentent – *represent*). Quels autres exemples y a-t-il dans l'article?

en famille!

En français et en anglais, il y a beaucoup d'adjectifs et de noms de la même famille (par exemple, sportif ➔ sport). Quels noms de l'article correspondent aux adjectifs suivants?

mondial	journalier
athlétique	personnel
compétitif	handicapé
romain	courageux

parlons abréviations!

En français, comme dans toutes les langues, on utilise des abréviations pour faciliter la communication.

Pour les titres

M.	–	monsieur
Mme	–	madame
Mlle	–	mademoiselle

Pour les adresses

app.	–	appartement
av.	–	avenue
bd	–	boulevard
ch.	–	chemin
C.P.	–	case postale
rte	–	route
St	–	Saint
Ste	–	Sainte

Pour le système métrique

cm	–	centimètre
g	–	gramme
kg	–	kilogramme
L	–	litre
m	–	mètre

Pour les chiffres

1er	–	premier
1re	–	première
2^e	–	deuxième
3^e	–	troisième

Pour la politesse

S.V.P.	–	s'il vous plaît
R.S.V.P.	–	répondez, s'il vous plaît

Pour le dictionnaire

adj.	–	adjectif
adv.	–	adverbe
f.	–	féminin
m.	–	masculin
n.	–	nom
pl.	–	pluriel
p.p.	–	participe passé
prép.	–	préposition
pron.	–	pronom
v.	–	verbe

Peux-tu déchiffrer ces phrases?

1 En natation, la Canadienne Sue Marine a établi son 1er record olympique dans le 100 m libre.

2 M. et Mme Bérubé habitent au 2, bd Laurier, app. 14, Ste-Adèle.

3 Le Russe Press Benchov a soulevé 120 kg. Il est maintenant en 3e place dans la compétition d'haltérophilie.

4 La nouvelle adresse de la compagnie est C.P. 26, Montréal (Québec).

5

Vous êtes cordialement invité au 16e anniversaire de Mlle Marianne Lafrance.

le samedi 10 décembre

9, ch. Radisson

R.S.V.P.

[parlons jeux!]

En français, on utilise beaucoup d'expressions tirées du monde des jeux et du sport. Ces images ajoutent de la couleur à la langue.

On ne peut rien faire, *la partie est jouée.*

Tout est déjà décidé.

Le rendez-vous est annulé, *alors, c'est partie remise.*

Le rendez-vous est reporté à plus tard.

Ne joue pas gros jeu, c'est trop dangereux!

Ne prends pas de grands risques.

Dans une situation difficile, *tu dois jouer serré.*

Tu dois être prudent.

N'attends pas! *Prends la balle au bond!*

Tu dois profiter de cette occasion.

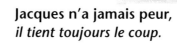

Jacques n'a jamais peur, *il tient toujours le coup.*

Il résiste aux difficultés.

Peux-tu deviner l'équivalent de ces expressions?

Ce film en noir et blanc *est vieux jeu.*
Quel dommage, *les jeux sont faits.*
C'est trop difficile, *abandonnons la partie!*
Avec cette réponse, *il a marqué un point!*
Ce test est *un jeu d'enfant!*
Ce n'est pas juste! *Tu ne joues pas franc jeu!*

- possibilités
- il a gagné un avantage
  tout est décidé
  ne continuons pas
  est démodé
  très facile
  tu triches

info-Quiz

Le monde du sport!

Quel est ton savoir-faire dans les sports? Pour répondre à chaque question, écris A, B ou C sur une feuille de papier.

 1 **En quels sports y a-t-il un *gardien de but*?**

A En hockey et en soccer.

B En basket-ball et en volley-ball.

C En rugby et en football.

 2 **En quel sport peut-on frapper une *chandelle* et un *coup de circuit*?**

A En football.

B En baseball.

C En soccer.

 3 **Quel est le symbole du championnat de la Ligue Nationale de Hockey?**

A La Coupe Glacée.

B La Coupe Zamboni.

C La Coupe Stanley.

 4 **En quel sport fait-on de la danse sur glace?**

A En luge.

B En hockey.

C En patinage artistique.

 5 **En basket-ball, quelle est la hauteur du panier?**

A Trois mètres.

B Cinq mètres.

C Deux mètres.

 6 **Pour quel championnat sportif est-ce que Wimbledon est célèbre?**

A Le golf.

B La boxe.

C Le tennis.

 7 **Qu'est-ce que *Le Tour de France*?**

A C'est un monument sportif.

B C'est une course de vélos.

C C'est une course automobile.

 8 **Comment appelle-t-on le soccer en France?**

A Le footing.

B La pétanque.

C Le football.

 9 **Avec quoi joue-t-on au hockey?**

A Une chandelle.

B Une rondelle.

C Une hirondelle.

 10 **Combien d'événements y a-t-il dans un *décathlon*?**

A Il y en a douze.

B Il y en a deux.

C Il y en a dix.

 11 Où trouve-t-on les *barres parallèles?*

A En prison.

B Sur un court de tennis.

C Dans une salle de gymnastique.

 12 En quel sport utilise-t-on un *volant* et une *raquette?*

A En course automobile.

B En tennis.

C En badminton.

 13 En quelle année ont commencé les Jeux olympiques modernes?

A En 1900.

B En 1896.

C En 1948.

14 Quelle est la devise des Jeux olympiques?

A Vive la Grèce!

B Plus haut, plus loin, plus fort.

C Sautez, courez, lancez.

 15 Quel terme associe-t-on avec la nage?

A La mouche.

B Le papillon.

C La sauterelle.

 16 Qu'est-ce que l'athlète Rick Hansen a accompli?

A Il a gagné un championnat mondial.

B Il a voyagé autour du monde en fauteuil roulant.

C Il a gagné un événement olympique.

 17 Qu'est-ce que le *slalom?*

A Une compétition de ski.

B Une salutation entre skieurs.

C Une danse alpine.

 18 À quel sport associe-t-on les termes *flèche* et *cible?*

A Au cyclisme.

B À l'équitation.

C Au tir à l'arc.

 19 Combien de joueurs y a-t-il dans une équipe de soccer?

A Il y en a treize.

B Il y en a dix.

C Il y en a onze.

 20 En quel sport trouve-t-on un frappeur et un lanceur?

A En hockey.

B En basket-ball.

C En baseball.

*Q*uel est ton rang dans le domaine des sports?

Compte une médaille 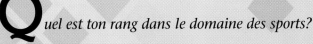 *pour chaque bonne réponse.*

16 🏅 à 20 🏅 médaille d'or

11 🏅 à 15 🏅 médaille d'argent

6 🏅 à 10 🏅 médaille de bronze

0 🏅 à 5 🏅 médaille de plastique

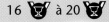
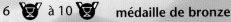
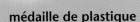

comment exprimer une action passée

contexte

Lundi matin avant la classe, Monique parle avec sa copine Lise...

– Dis donc, Lise, tu **as passé** un bon week-end?
– Et comment!
– Ah oui? Qu'est-ce que tu **as fait**?
– Eh bien, samedi, j'**ai participé** à
  une compétition de natation.
– Et...?
– J'**ai établi** un nouveau record!
– Mais c'est super! Bravo, Lise!
– Merci. ...Et toi, tu **as joué** au soccer, samedi?
– C'est ça. Nous **avons battu** les Vedettes 5 à 1.
– Fantastique! ...Mais tu n'as pas l'air contente.
– C'est parce que je **n'ai pas marqué** un seul but!

fonction

Quand on veut exprimer une action passée, on utilise
le **passé composé**.

le passé composé avec *avoir*

Pour former le passé composé de la majorité des verbes, on utilise
le présent du verbe *avoir* + le participe passé.

formes affirmatives   **formes négatives**

formes affirmatives		formes négatives	
j' ai		je n'ai pas	
tu as		tu n'as pas	
il a		il n'a pas	
elle a	joué	elle n'a pas	joué
on a	fini	on n'a pas	fini
nous avons	perdu	nous n'avons pas	perdu
vous avez		vous n'avez pas	
ils ont		ils n'ont pas	
elles ont		elles n'ont pas	

infinitif		participe passé
les verbes comme jou**er**	→	jou**é**
les verbes comme fin**ir**	→	fin**i**
les verbes comme perd**re**	→	perd**u**

Qu'est-ce que vous **avez fait** hier?

Nous **avons assisté** au match de hockey.

Ils **ont joué** au tennis samedi?

Non, il **a fait** trop froid.

Elle **a participé** à la course de vélos?

Oui, mais elle **n'a pas fini** première.

Tu **as entendu** le score?

Oui. C'est deux à zéro.

- Le participe passé du verbe *faire* est irrégulier: j'ai **fait**, je n'ai pas **fait**.

PRATIQUE a

vive les sports!

Est-ce que ton ou ta partenaire a fait du sport la semaine passée?

❶

❷ ❸ ❹

– Tu as joué au soccer la semaine passée?
– Oui, j'ai joué au soccer.
ou – Non, je n'ai pas joué au soccer.

❺ ❻ ❼ ❽

83

PRATIQUE **b**

au magasin de sport!

Lis les descriptions. Quel article de sport
est-ce que chaque client ou cliente a choisi?

1 Josée aime jouer au tennis.

▶ **Elle a choisi un bandeau.**

2 Marc va participer à une course de vélos.
3 Catherine fait partie d'une équipe de softball.
4 Pierre aime beaucoup les sports d'hiver.
5 Sophie veut faire du jogging.
6 Jacques fait souvent des randonnées à pied.
7 Mireille va prendre des leçons de natation.
8 Léon est membre d'un club d'auto-défense.

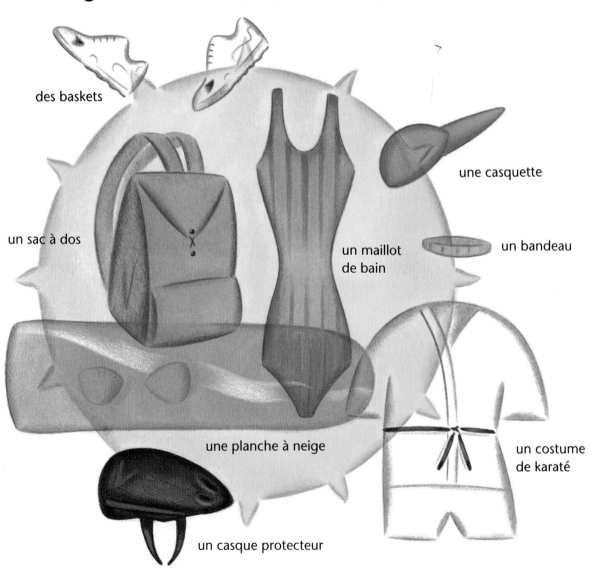

des baskets

un sac à dos

un maillot
de bain

une casquette

un bandeau

une planche à neige

un costume
de karaté

un casque protecteur

télé-scores

> Les Nordiques ont gagné 4 à 3 contre les Canadiens.

> Les Canadiens ont perdu 4 à 3 contre les Nordiques.

> Les Nordiques ont battu les Canadiens par un score de 4 à 3.

Ligue Nationale de Hockey

Nordiques 4 / Canadiens 3
Maple Leafs 1 / Penguins 2
Flames 2 / Oilers 0
Jets 6 / Rangers 3
Red Wings 4 / Blues 5
Kings 2 / Canucks 4
Islanders 3 / Bruins 1

Tu es annonceur ou annonceuse des nouvelles du sport à la télévision. Comment vas-tu annoncer les scores de hockey? Un peu de variété, s'il te plaît!

PRATIQUE **d**

activités-amis

Qu'est-ce que ton ou ta partenaire a fait avec ses amis l'été passé?

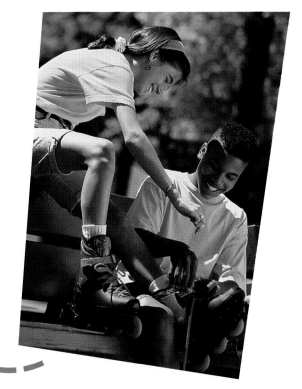

❶ du patin

> – **Vous avez fait du patin?**
> – **Oui, nous avons fait du patin.**
ou – **Non, nous n'avons pas fait de patin.**

❷ du canotage
❸ de l'équitation
❹ de la natation
❺ des randonnées à pied
❻ du ski nautique
❼ du jogging
❽ du camping

PRATIQUE e

visite au mont Sainte-Anne

- faire des randonnées en raquettes
- assister à un tournoi de hockey
- faire du toboggan
- faire du ski alpin
- faire du ski de fond

- patiner
- faire des sculptures sur glace
- faire une promenade en traîneau
- assister à un spectacle de patinage artistique
- jouer au volley-ball sur neige
- participer à une compétition de planche à neige

👀 *Les membres du Club des sports ont passé le week-end au mont Sainte-Anne. Lundi matin, Martine parle avec sa copine Michelle...*

– Alors, Michelle, le Club a passé un bon week-end?
– Ah oui! Excellent!
– Qu'est-ce que vous avez fait?
– Eh bien, vendredi soir, nous avons fait une promenade en traîneau.
– Sans blague! Et samedi?
– Nous avons fait du ski alpin.
– Formidable! ...Et dimanche?
– Dimanche, nous avons joué au volley-ball sur neige.
– Ah oui? Tu as aimé ça?
– Et comment!

 Tu as passé le week-end au mont Sainte-Anne avec des camarades. Qu'est-ce que vous avez fait? Ton ami ou amie demande des détails. Créez des conversations.

noms masculins

un annonceur   *announcer*
un athlète   *athlete*
un championnat   *championship*
un événement   *event*
un record   *record*
un score   *score*
un tournoi   *tournament*

noms féminins

une annonceuse   *announcer*
une athlète   *athlete*
une compétition   *competition*
une course   *race*
les nouvelles (du sport)   *(sports) news*

adjectifs

dernier, dernière*   *last (final), latest; last (previous)*
passé, passée   *last*
physique   *physical*
sportif, sportive   *athletic; fond of sports; pertaining to sports*

verbes

annoncer   *to announce*
assister à   *to attend*
battre   *to beat*
établir   *to establish*
gagner   *to win*
participer (à)   *to participate (in)*
perdre   *to lose*
remporter   *to win (a prize, a medal, a championship, etc.)*
réussir   *to succeed*

adverbe

hier   *yesterday*

prépositions

contre   *against*
par   *by*

expressions

marquer (un but/un point)   *to score (a goal/a point)*
pratiquer (un sport)   *to play (a sport)*

* la dernière semaine   *the last week (the final week)*
   la semaine dernière   *last week (the previous week)*

partons à l'aventure!

communication

raconter tes expériences d'excursions scolaires

•

discuter des différentes sortes d'excursions

•

proposer une excursion locale pour ta classe

•

demander et donner des détails sur une excursion dans une autre ville

•

proposer une excursion d'hiver pour ta classe de français

expériences

rédiger une liste d'excursions scolaires locales

accorder une interview sur les excursions

écrire une carte postale à un ami ou amie

préparer un itinéraire pour une excursion d'hiver

écrire dans ton journal la description d'une excursion

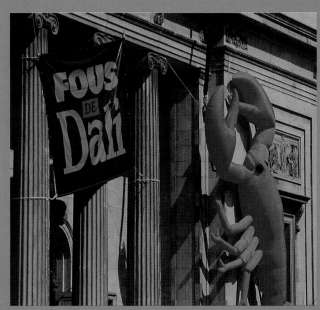

Quelles excursions scolaires sont les plus populaires?

- Est-ce que tu as déjà fait une excursion scolaire d'une journée? Toi et ta classe, où êtes-vous allés? (par exemple, à un site ou à un monument historique, à un festival, à un spectacle, à une exposition scientifique, à une galerie d'art, au musée, au théâtre, au zoo, aux édifices du gouvernement)

- Est-ce que tu as déjà fait une excursion de plus d'une journée? Où? Avec quel groupe? Comment est-ce que vous y êtes allés? Combien de jours est-ce que vous êtes restés? Qu'est-ce que vous avez fait? Qu'est-ce que tu as aimé le plus? le moins?

- Est-ce que ta classe de français est déjà sortie en groupe? Qu'est-ce que vous avez fait? (par exemple, assister à un concert, assister à une pièce de théâtre, regarder un film, visiter une bibliothèque, visiter une autre école)

Vous montez avec nous?

Non, je suis déjà descendu cinq fois!

- Qu'est-ce que tu aimes le plus dans une excursion? Est-ce l'aspect éducatif? l'aspect culturel? l'aspect divertissant?

- À ton avis, est-ce que ton école offre assez d'excursions? Peux-tu en proposer d'autres? Où veux-tu aller?

COLLABORACTION

La classe planifie une excursion scolaire locale d'une journée. Toi et tes camarades, vous faites partie du comité organisateur. Faites une liste de toutes les excursions possibles.

a Sur la liste, déterminez les endroits où tous les membres du groupe...

- sont déjà allés,
- ne sont jamais allés,
- veulent aller.

b Notez ces endroits à la page 60 du cahier d'activités.

c Choisissez un membre du groupe pour lire vos résultats à la classe.

Combien de fois est-ce que les autres groupes ont mentionné chaque endroit de votre liste? Où est-ce que la majorité des élèves veulent aller?

langage-ressource p.110

Comme excursion scolaire, on peut aller...

à l'aquarium
à un carnaval
au centre de recyclage
au centre des sciences
à une exposition de...
à une ferme
au parc
au planétarium

à une réserve d'oiseaux

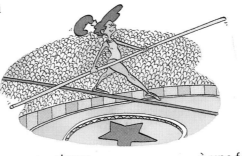

au cirque

à une foire

à l'hôtel de ville

à une usine

DÉCOUVERTES EN FRANÇAIS!

▶ SOCIÉTÉ ÉDUCATIVE DE VISITES ET D'ÉCHANGES AU CANADA

offre des voyages scolaires en autocar pour des groupes d'étudiants âgés de 10 à 18 ans.

SEVEC

QUÉBEC

CONTACT CULTUREL

UNE VISITE DE LA VILLE DE QUÉBEC
(4 jours et 3 nuits en février)

Vous pouvez...

▶ faire une promenade à pied guidée dans le Vieux-Québec

▶ visiter les chutes Montmorency

▶ aller à la Citadelle

▶ visiter le Jardin zoologique et l'Aquarium de Québec

▶ aller à une cabane à sucre

▶ assister au Carnaval de Québec

OTTAWA

EXPÉRIENCE DE LA CAPITALE NATIONALE
UNE VISITE D'OTTAWA ET DE HULL
(3 jours et 2 nuits en février)

Vous pouvez...

▶ faire une visite guidée des édifices du Parlement

▶ aller au Musée national des sciences et de la technologie

▶ aller au Musée canadien des civilisations

▶ faire une excursion en bateau sur la rivière des Outaouais

▶ participer au festival *Le Bal de neige*

OTTAWA

VOTRE PASSEPORT VERS LA DÉCOUVERTE

M O N T R É A L

RENDEZ-VOUS MONTRÉAL
UNE VISITE DE MONTRÉAL
(3 jours et 2 nuits en juin)

MONTRÉAL

SEVEC

Vous pouvez...

▶ faire un tour du Vieux Montréal

▶ aller au Stade olympique

▶ visiter le Jardin botanique

▶ aller au Planétarium

▶ aller au Musée des beaux-arts

▶ aller au parc d'attractions La Ronde

langage-
ressource
p.110

EXPLORACTION

- Est-ce que tu es déjà allé(e) à une des villes proposées? À quelle ville? Avec qui? Quand? Qu'est-ce que vous avez fait?

- À quelle visite veux-tu participer? Pourquoi préfères-tu aller à cette ville?

- Quelles attractions touristiques peut-on visiter dans chaque ville?

- À ton avis, quelle visite offre les meilleures activités?

INTERACTION

Avec ta classe de français, tu es allé(e) à une des villes proposées. À ton retour, ton ami ou amie demande des détails. Quelles questions est-ce qu'il ou elle va probablement poser?

> À quelle ville est-ce que tu es allée ?

> Avec qui est-ce que tu as voyagé?

> Vous êtes allés en autocar?

> Vous êtes restés combien de jours?

> Quand est-ce que vous êtes rentrés?

> Qu'est-ce que tu as aimé le plus?

> Quand est-ce que vous êtes partis?

> Qu'est-ce que tu as acheté?

> Où est-ce que vous êtes allés ?

> Qu'est-ce que vous avez fait?

> Quel est ton meilleur souvenir du voyage?

> Est-ce que tu as parlé français tout le temps?

Créez une conversation. Après, changez de rôles.

95

UNE AVENTURE EN IMMERSION FRANÇAISE

D A N S   L E S   L A U R E N T I D E S

4 jours/3 nuits

Sainte-Marguerite (Québec)

Itinéraire: **École Jeanne-Sauvé**

Professeur: Madame L. Brisebois

jour 1

07 h 30	départ pour les Laurentides
16 h 00	arrivée et inscription à l'hôtel
18 h 30	dîner à l'hôtel
20 h 00	promenade en traîneau tiré par des chevaux

jour 2

07 h 30	petit déjeuner
09 h 00	ski alpin au mont Saint-Sauveur
18 h 00	dîner dans une cabane à sucre, avec spectacle folklorique
21 h 00	jeux: chasse au trésor détecteur de mensonges fais-moi un dessin

(Document-ressource: Agence de voyages *ets*)

j o u r 3

07 h 30	petit déjeuner
09 h 00	introduction à l'histoire et à la géographie de la région, suivie d'une tournée en autocar
12 h 00	déjeuner
13 h 00	visite des ateliers d'artistes à Val-David et à Sainte-Adèle
18 h 00	dîner et disco style «beach party» dans le «Club House»

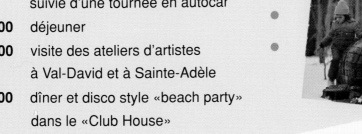

j o u r 4

07 h 30	petit déjeuner
09 h 00	ski de fond et raquette
11 h 00	départ de l'hôtel
11 h 30	déjeuner et magasinage à Saint-Sauveur
15 h 00	départ pour l'école

EXPLORACTION

- À quelles activités d'hiver est-ce que les élèves ont participé?
- À ton avis, quelle est la meilleure activité?
- À quelles activités sociales est-ce que les élèves ont participé?
- À ton avis, quelle activité sociale est la plus intéressante?
- Peux-tu proposer d'autres activités sportives et sociales?
- Pour toi, quelle est l'excursion scolaire d'hiver idéale? Où veux-tu aller? Que peut-on y faire?

COLLABORACTION

Ta classe de français a décidé de faire une excursion d'hiver de deux jours. Ton professeur demande des suggestions aux élèves. (*cahier d'activités*, p.63)

En petit groupe...

a Déterminez la meilleure destination.

b Fixez les dates et les heures du départ et du retour.

c Proposez des activités sportives et des activités sociales.

langage-ressource
p.110

En groupe, présentez votre projet d'excursion à la classe. La classe va évaluer tous les projets. (*cahier d'activités*, p.63) Selon la classe, quel est le meilleur projet d'excursion?

L'embarras du choix

À l'école Richelieu, madame Landry parle avec sa classe...

Bon! Nous devons planifier notre prochaine excursion scolaire. Je propose une visite au zoo.

Ah non, madame! Pas le zoo!

Mais pourquoi pas?

Nous sommes allés au zoo l'année passée...

...Et nous sommes restés toute la journée. C'est fatigant, madame!

On est parti de l'école à huit heures du matin et on est rentré à cinq heures. C'est long, ça!

Bon! Bon!... La galerie d'art, alors!

La galerie d'art?

Mais oui! On peut faire la visite guidée. Et il y a une nouvelle exposition d'art moderne...

99

Le Centre des sciences, alors!

Moi, je suis déjà allé au Centre une douzaine de fois.

Il y a un festival de films de science-fiction à...

...Caroline! Ce n'est pas tout le monde qui aime la science-fiction!

Finalement, Michelle fait une suggestion. Ses camarades acceptent sa proposition avec enthousiasme. À cet instant, madame Landry entre dans la salle de classe.

Bon! C'est décidé?

Oui, madame. On va visiter un édifice du centre-ville.

L'hôtel de ville, alors?

Non, madame.

Ah! le musée!

Non, madame.

Mais c'est un endroit très éducatif!

Il y a des peintures modernes sur les murs!

C'est la galerie d'art, après tout!

101

102

Bonne route!

On prend l'autobus à l'arrêt d'autobus.

Pour prendre l'avion, on va à l'aéroport.

On prend le train à la gare.

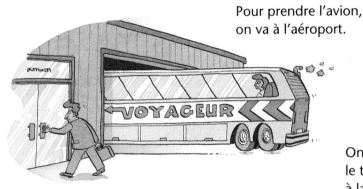

On peut prendre l'autocar au terminus.

On prend le métro à la station de métro.

On peut trouver un taxi à une station de taxis.

À ton avis, où est-on?

❶ « Les bagages du vol numéro 28, en provenance de Winnipeg, sont sur le carrousel 12. »

❷ « Montez dans la voiture, madame. Je vais mettre vos paquets dans le coffre. »

❸ « Le train à destination de Montréal part du quai numéro 8. »

❹ – Tu attends depuis longtemps?
   – Oui! Et je suis déjà en retard pour l'école!

❺ « Donne les billets au chauffeur. Moi, je vais chercher deux places à l'avant. J'aime avoir une bonne vue sur la route. »

❻ – C'est le meilleur moyen de descendre en ville. On évite toute la circulation.
   – C'est vrai. Et il y a une rame toutes les deux minutes.

Centre des
sciences
de l'Ontario

Toronto

Canada

le Centre des sciences
de l'Ontario attend votre
visite! Depuis 1969, nous
avons reçu plus de 22 millions
de visiteurs du monde entier.
Parmi ces visiteurs, il y a
chaque année plus de 200 000
élèves en excursion scolaire.

Notre objectif est de
présenter au public la science
et la technologie. Chez nous,
vous allez découvrir leur
importance dans la vie de
tous les jours.

Vous êtes invité à
participer activement à plus
de 100 modules d'exposition.
Venez manipulez! Venez
expérimenter!

Pouvez-vous manger tout ça en un an? Le Hall de la Nourriture a beaucoup de surprises pour vous!

▼

Explorez la science du sport! Testez votre sens de l'équilibre!

▼

Chez nous, la curiosité, c'est la clef qui ouvre toutes les portes!

▼

◀ Êtes-vous préparé pour le choc de votre vie? Alors, posez la main sur le générateur Van de Graaff — 500 000 volts d'électricité!

▲ Venez voir un vrai laser faire un trou dans une brique!

vive les similarités!

En français et en anglais, il y a beaucoup de mots similaires (par exemple, visiteur – *visitor*). Quels autres exemples y a-t-il dans l'article?

en famille!

En français, il y a beaucoup de noms et de verbes de la même famille (par exemple, attente ➜ attendre). Quels verbes de l'article correspondent aux noms suivants?

la présentation
la découverte
la participation
la manipulation
l'expérimentation
l'exploration
le test

Les →

Un préfixe est un élément placé *devant* un mot. Avec un préfixe, on peut faire un nouveau mot dérivé du mot de base. Par exemple,

préfixe	+	mot de base	→	nouveau mot
re	+	commencer	→	recommencer
super	+	marché	→	supermarché
im	+	personnel	→	impersonnel

les préfixes les plus utilisés

re *(une répétition)*

monter	→	remonter
entrer	→	rentrer

sur, sous *(une situation)*

voler	→	survoler
vêtement	→	sous-vêtement

pré, après *(une relation)*

nom	→	prénom
demain	→	après-demain

in, im *(le contraire)*

connu	→	inconnu
probable	→	improbable

Peux-tu utiliser un préfixe pour indiquer la répétition?

❶ faire
❷ fermer
❸ jouer
❹ lire
❺ partir
❻ prendre

Peux-tu utiliser un préfixe pour indiquer le contraire?

❶ capable
❷ correct
❸ exact
❹ visible
❺ précis
❻ possible

les préfixes dans le vent

extraordinaire
superbon
microfiche
mégaprojet
hypermarché
maxijupe
minijupe
ultrasonique

LES AFFICHES PARLENT !

Peux-tu deviner le sens de ces affiches?

On doit...
aller tout droit
céder le passage
porter une ceinture de sécurité
tenir les chiens en laisse
tourner à gauche

On peut faire...
du camping
du canotage
du patinage
du ski nautique
du tennis

On ne peut pas...
dépasser
entrer
jeter des ordures
stationner
tourner à droite

Il y a...
un aéroport
des feux de circulation
un hôtel-motel
une intersection
un passage pour piétons
une piscine
un poste d'essence
un restaurant
un service pour handicapés
un stationnement pour bicyclettes
un téléphone
un terrain de jeu
des toilettes
une zone scolaire

iNFo-Quiz

en route!

Quel est ton savoir-faire comme voyageur ou voyageuse? Pour répondre à chaque question, écris A, B ou C sur une feuille de papier.

1 Quand peut-on avoir le *mal de mer?*
A Quand on achète un maillot de bain.
B Quand sa mère n'est pas là.
C Quand on voyage en bateau.

2 Quand on prend un *vol domestique*, comment voyage-t-on?
A En avion.
B En ascenseur.
C En train.

3 Qu'est-ce qu'un *aller-retour?*
A C'est un billet de voyage.
B C'est une carte de crédit.
C C'est un boomerang.

4 À l'hôtel, qu'est-ce qu'une chambre *simple?*
A C'est une chambre à prix raisonnable.
B C'est une chambre sans salle de bains.
C C'est une chambre pour une personne.

5 Qu'est-ce qu'on prend à la *gare?*
A Le train.
B L'avion.
C Le bateau.

6 Quand on arrive dans un hôtel, où va-t-on tout d'abord?
A À sa chambre.
B À la réception.
C Aux toilettes.

7 Quand est-ce qu'un voyageur passe *à la douane?*
A Quand il rentre d'un autre pays.
B Quand il est malade.
C Quand il veut acheter un billet.

8 Dans quelles villes peut-on prendre le métro?
A À Ottawa et à Toronto.
B À Montréal et à Regina.
C À Toronto et à Montréal.

9 Où travaille un *concierge?*
A Dans une agence de voyages.
B Dans un cinéma.
C Dans un hôtel.

10 Où peut-on trouver un *chasseur?*
A Dans un hôtel.
B Au zoo.
C À une exposition.

11 Quand a-t-on besoin d'une *valise?*
A Quand on veut danser.
B Quand on fait un voyage.
C Quand on lave ses vêtements.

12 Qu'est-ce qu'une *croisière?*
   A C'est une intersection.
   B C'est une église.
   C C'est un voyage en bateau.

13 Qu'est-ce qu'un *traversier?*
   A C'est un bateau.
   B C'est une autoroute.
   C C'est un long voyage.

14 Sur un panneau routier, que signale un point d'interrogation?
   A Une station de police.
   B Un poste d'information touristique.
   C Un terminus d'autobus.

15 Que signifie *l'heure de pointe?*
   A Il y a beaucoup de circulation.
   B Il y a peu de circulation.
   C Il n'y a pas de circulation.

16 Que signifie l'expression *faire la queue?*
   A Attendre en ligne.
   B Jouer au billard.
   C Prendre un bateau.

17 Que signifie *vol annulé?*
   A L'avion part à l'heure.
   B L'avion part dans un an.
   C L'avion ne part pas.

18 À la gare, qu'est-ce que *l'horaire* indique?
   A La météo.
   B Les départs et les arrivées.
   C Les tarifs des taxis.

19 Que peut-on faire à une agence de *location de voitures?*
   A On peut acheter une voiture.
   B On peut louer une voiture.
   C On peut vendre une voiture.

20 Quel document doit-on avoir pour voyager à l'étranger?
   A Un passeport.
   B Un permis de conduire.
   C Un bulletin scolaire.

Quel billet de voyage mérites-tu?
Compte une valise 💼
pour chaque bonne réponse.

16 💼 à 20 💼		billet première classe
11 💼 à 15 💼		billet classe affaires
6 💼 à 10 💼		billet classe touriste
0 💼 à 5 💼		billet « soute à bagages »

comment exprimer une action passée

Monsieur Nadon et sa classe de français sont en excursion de ski dans les Laurentides. Monsieur Nadon parle avec un de ses élèves...

– Jean-Pierre, où est Daniel?
– Il **est sorti** avec Normand.
– Où est-ce qu'**ils sont allés**?
– **Ils sont descendus** au village, monsieur.
– Pour acheter des souvenirs?
– C'est ça.
– Et Christine?
– Elle **est montée** à sa chambre.
– Et où sont Lise et Claire?
– Elles **sont restées** au chalet toute la journée!

fonction

Quand on veut exprimer une action passée, on utilise le **passé composé**.

le passé composé avec *être*

Pour former le passé composé de certains verbes, on utilise le présent du verbe *être* + le participe passé.

all*er*	**part*ir***	**descen*dre***
je suis allé(e)	je suis parti(e)	je suis descendu(e)
tu es allé(e)	tu es parti(e)	tu es descendu(e)
il est allé	il est parti	il est descendu
elle est allée	elle est partie	elle est descendue
on est allé	on est parti	on est descendu
nous sommes allé(e)s	nous sommes parti(e)s	nous sommes descendu(e)s
vous êtes allé(e)(s)	vous êtes parti(e)(s)	vous êtes descendu(e)(s)
ils sont allés	ils sont partis	ils sont descendus
elles sont allées	elles sont parties	elles sont descendues

comme *aller*:
arriver, entrer,
monter, rentrer,
rester, retourner

comme *partir*:
sortir

Lise **est sortie** hier?

Oui, elle **est allée** au théâtre.

Vous **êtes rentré** tard, monsieur?

Oui. Et je **suis monté** tout de suite à ma chambre.

Les élèves **ne sont pas arrivés**?

Non, l'autobus **est parti** en retard.

Vous **êtes descendus** en ville hier?

Non, nous **sommes restés** à la maison.

- Pour les verbes conjugués avec *être*, le SUJET (masculin/féminin; singulier/pluriel) détermine l'ACCORD du participe passé.

PRATIQUE a

vive le samedi!

Samedi, est-ce que ton ou ta partenaire est allé(e)...

❶ au cinéma?

    – **Tu es allé(e) au cinéma samedi?**
    – **Oui, je suis allé(e) au cinéma.**
ou – **Non, je ne suis pas allé(e) au cinéma.**

❷ à la salle de jeux vidéo?
❸ au centre commercial?
❹ à une fête?
❺ à un événement sportif?
❻ en ville?
❼ chez des amis?
❽ à un spectacle?

PRATIQUE **b**

excursions personnelles

Lis les descriptions. À ton avis, où est-ce que ces personnes sont allées?

❶ Sophie trouve les animaux intéressants.

▶ **Elle est allée au zoo.**

❷ Richard et Joseph aiment observer les oiseaux.

▶ **Ils sont allés au parc.**

❸ Suzanne aime beaucoup les sciences.

❹ Jean-Marc est un jeune artiste.

❺ Jules et Denis aiment lire.

❻ Louise et Chantal sont fascinées par l'informatique.

❼ Pauline fait un travail sur les dinosaures.

❽ Luc et Nadine aiment la musique.

❾ Fabienne est très sportive.

❿ Pierre adore l'astronomie.

excursions possibles
à la bibliothèque
au Centre des sciences
à un concert
à une exposition d'ordinateurs
à la galerie d'art
à un match de basket-ball
au musée
au parc
au planétarium
au zoo

PRATIQUE C

École Jean-Talon: horaire des excursions

CLASSE	EXCURSION	DÉPART	ACTIVITÉ
Mme Landry	à la galerie d'art	13 h 00	rencontrer des artistes
M. Boisvert	au musée	10 h 00	visiter l'exposition de dinosaures
Mlle Renaud	à l'école secondaire Vanier	9 h 00	parler avec les étudiants
M. Taillefer	au Centre des sciences	10 h 00	regarder une démonstration
Mme Morin	à l'hôtel de ville	9 h 30	parler avec le maire
Mlle Poirier	au zoo	13 h 30	observer les oiseaux
M. Joliet	au Théâtre Jeunesse	14 h 00	assister à une pièce
Mme Cormier	au Carnaval d'hiver	11 h 00	assister à un spectacle

Où est-ce que les élèves sont allés?
Quand est-ce qu'ils sont partis?
Qu'est-ce qu'ils ont fait?

1 Julienne est dans la classe de Mme Morin.

> **Elle est allée à l'hôtel de ville.**
> **Elle est partie à neuf heures et demie.**
> **Elle a parlé avec le maire.**

2 Georges est dans la classe de Mlle Renaud.
3 Daniel et Alain sont dans la classe de M. Joliet.
4 Simone et Angélique sont dans la classe de Mme Landry.
5 Carole et Robert sont dans la classe de M. Taillefer.
6 Jacques est dans la classe de Mlle Poirier.

👀 *La directrice parle avec Jacqueline...*

– Alors, Jacqueline, où est-ce que ta classe est allée?
– Nous sommes allés au musée.
– Quand est-ce que vous êtes partis?
– À dix heures.
– Et qu'est-ce que vous avez fait?
– Nous avons visité l'exposition de dinosaures.
– Tu as aimé l'excursion?
– Oui, j'ai trouvé ça intéressant.

impressions possibles

agréable	désagréable
amusant	endormant
divertissant	ennuyeux
éducatif	idiot
fascinant	stupide

Où est-ce que ton ou ta partenaire est allé(e)? Créez des conversations.

PRATIQUE d

ah, les parents!

👓 *Le week-end passé, Richard a fait une excursion de ski dans les Rocheuses avec sa classe. Au retour, il parle avec son père...*

– Alors, Richard, tu as aimé l'excursion?
– Et comment!
– Tu es resté avec le groupe, n'est-ce pas?
– Mais oui, papa.
– Et tu n'as pas fait le clown sur les pentes?
– Mais non, papa.

Ton ou ta partenaire rentre d'une excursion de ski. Tu joues le rôle de son père ou de sa mère. Créez des conversations.

•
•

☺
• écouter les instructions du professeur
• bien écouter les moniteurs
partir de bonne heure
porter des vêtements chauds
rentrer au chalet à l'heure
respecter les consignes de sécurité
rester au chalet le soir

☹
arriver en retard pour les repas
casser tes skis
déranger le chauffeur d'autocar
faire trop de bêtises
faire trop de bruit dans le chalet
rentrer tard
sortir seul(e) le soir

noms masculins

un carnaval   *carnival*
un centre des sciences   *science centre*
un édifice   *building*
un endroit   *place*
un festival   *festival*
un monument   *monument*
un musée   *museum*
un site (historique)   *(historical) site*
un souvenir   *souvenir; memory*
un spectacle   *show*
un théâtre   *theatre*
un zoo   *zoo*

noms féminins

une exposition   *exhibit*
une galerie d'art   *art gallery*
une journée   *day*
une pièce (de théâtre)   *play*
une visite   *visit*

adjectifs

autre   *other*
divertissant, divertissante   *entertaining, fun*
éducatif, éducative   *educational*
guidé, guidée   *guided*

verbes

descendre   *to go/come down*
monter   *to go/come up*
planifier   *to plan*
proposer   *to propose, to suggest*
rentrer   *to come/get back (home)*
rester   *to stay*

expressions

faire une excursion (scolaire)   *to go on/to take a (school) trip*
faire un tour (de)   *to go around, to take a tour around, to tour*
faire une promenade   *to take a walk/ride*

à l'affiche!

communication

exprimer tes préférences en films

discuter des films pour les jeunes

proposer de la publicité pour un film

interviewer une vedette du cinéma

expériences

rédiger une liste descriptive de films et de genres

accorder une interview sur le rôle du cinéma dans ta vie

créer une affiche de film avec illustration, description et slogan

écrire un article sur une vedette du cinéma

SAVOIR COMPRENDRE

Quels sont les genres de films préférés des jeunes?

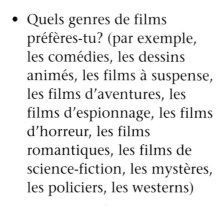

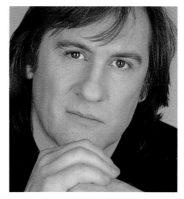

- Quels genres de films préfères-tu? (par exemple, les comédies, les dessins animés, les films à suspense, les films d'aventures, les films d'espionnage, les films d'horreur, les films romantiques, les films de science-fiction, les mystères, les policiers, les westerns)

- Pour toi, qu'est-ce qui est le plus important dans un film: les acteurs? les cascades? les effets spéciaux? l'intrigue? la musique?

- Quel film récent a eu un grand succès? As-tu vu ce film? Es-tu d'accord sur cette popularité? Dans ce film, qu'est-ce que tu as aimé? Qu'est-ce que tu n'as pas aimé?

- À ton avis, quel film récent a été le plus comique? le plus bizarre? le plus ennuyeux? le plus intéressant? le plus passionnant? le plus terrifiant? le plus violent? Quel film as-tu aimé le plus? le moins?

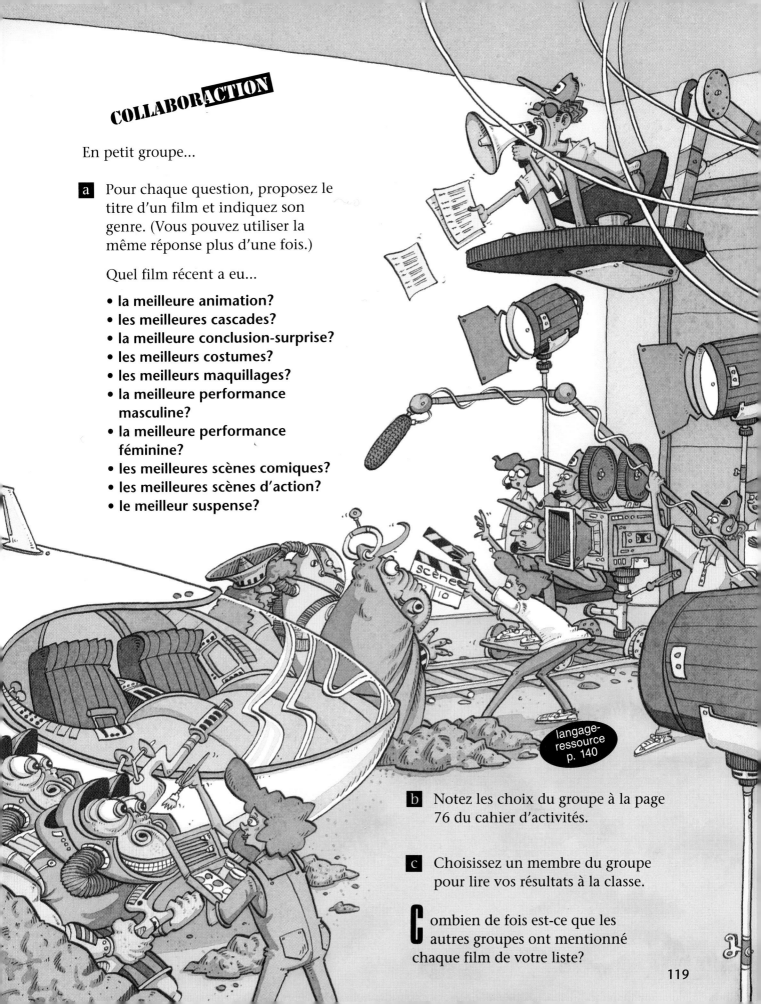

COLLABORACTION

En petit groupe...

a Pour chaque question, proposez le titre d'un film et indiquez son genre. (Vous pouvez utiliser la même réponse plus d'une fois.)

Quel film récent a eu...

- **la meilleure animation?**
- **les meilleures cascades?**
- **la meilleure conclusion-surprise?**
- **les meilleurs costumes?**
- **les meilleurs maquillages?**
- **la meilleure performance masculine?**
- **la meilleure performance féminine?**
- **les meilleures scènes comiques?**
- **les meilleures scènes d'action?**
- **le meilleur suspense?**

langage-ressource p. 140

b Notez les choix du groupe à la page 76 du cahier d'activités.

c Choisissez un membre du groupe pour lire vos résultats à la classe.

Combien de fois est-ce que les autres groupes ont mentionné chaque film de votre liste?

119

ROCK DEMERS PRÉSENTE   CONTES POUR TOUS #2

MYSTÈRE ET COMÉDIE !

OPÉRATION
Beurre de Pinottes

UN FILM DE MICHAEL RUBBO

**Rock Demers...
créateur du
cinéma
jeunesse
au Québec**

P ar sa série de
films, *Contes pour
tous*, Rock Demers a
voulu mettre en
images ses livres
populaires chez les
jeunes. « C'est
extraordinaire de
regarder les jeunes. Ils
sont comme des arbres
au printemps —
pleins de potentiel,
pleins de talent », dit
Demers.

À l'affiche!

(Document-ressource: Les Productions La Fête)

Opération Beurre de pinottes

▶ *Quelle aventure!*

Le héros du film, Michael, a 11 ans. Un jour, il a décidé de visiter une maison hantée. Frappé de terreur, il a perdu tous ses cheveux. Cependant, deux fantômes ont donné à Michael une recette magique – à base de « beurre de pinottes » – pour faire repousser ses cheveux. Les résultats sont étonnants!

La guerre des tuques

▶ *Le triomphe de François « les lunettes »!*

Un groupe de garçons a attaqué François et ses amis avec des boules de neige. C'est la « guerre »! Alors, François a eu l'idée de bâtir une forteresse de neige. Ses amis ont trouvé cette idée ridicule, mais François n'a pas abandonné son plan. L'histoire est pleine d'action et de surprises.

Le Martien de Noël

▶ *Un Noël extraterrestre!*

Ce film évoque les souvenirs d'un Noël extraordinaire. Cette veille de Noël, François et sa sœur Katou ont rencontré un extraterrestre — un Martien avec des pouvoirs magiques. Ce personnage a créé pour les deux enfants un Noël inoubliable.

La grenouille et la baleine

▶ *Une petite grenouille saute à l'action!*

Daphné, surnommée la « p'tite grenouille », est une jeune Québécoise de la Côte-Nord. Elle a un sens de l'ouïe extrêmement développé. Alors, elle est capable de communiquer avec Bémol, une baleine et Elvar, un dauphin très intelligent. Mais un jour, c'est la grande catastrophe! Ses parents travaillent dans une auberge et on a mis cette auberge en vente. En plus, l'environnement naturel de ses amis aquatiques est menacé. Daphné doit trouver une solution...

- Est-ce que tu as déjà vu un film français? Quel film? Est-ce que tu as compris le dialogue?

- Quel film de Rock Demers met en vedette une fille qui peut communiquer avec des animaux aquatiques? Dans quel film est-ce que les garçons ont fait une forteresse de neige? Dans quel film est-ce que les jeunes ont rencontré un ami extraterrestre? Dans quel film est-ce qu'un jeune a eu si peur qu'il a perdu ses cheveux?

- À ton avis, de tous ces films, quel film semble le plus intéressant? le plus comique? le plus bizarre? le plus passionnant? Quel film veux-tu voir?

- À ton avis, d'après les descriptions, quel film présente la meilleure intrigue?

COLLABOR**ACTION**

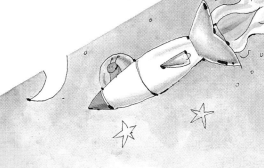

Toi et tes amis, vous êtes membres du Club des amateurs de films. Vous voulez montrer un des films de Rock Demers à la prochaine réunion du club. Quel film? Comment allez-vous annoncer le film? (*cahier d'activités*, p.77)

a Proposez un film à montrer.

b Créez une affiche pour capter l'intérêt des élèves. Sur votre affiche, n'oubliez pas...
- le titre du film,
- une illustration pour montrer un aspect important du film,
- une description d'une ligne pour souligner un aspect du film,
- un slogan publicitaire.

c En groupe, présentez votre affiche à la classe. La classe va évaluer toutes les affiches. (*cahier d'activités*, p.78)

Selon la classe, quelle est la meilleure affiche?

On peut dire qu'un film est...

à ne pas manquer.
à voir absolument.
un chef-d'œuvre du cinéma jeunesse.
exceptionnellement drôle.
plein d'action (d'aventures, de surprises).
un tour de force.
vraiment divertissant.

On peut dire qu'un film présente...

des aventures comiques/mystérieuses.
une belle histoire.
une conclusion surprenante.
des effets spéciaux merveilleux.
une intrigue fascinante.
des performances captivantes.

langage-ressource pp.138,140

Pleins feux
sur
Marina Orsini

**Grande vedette de la télévision et du cinéma,
Marina Orsini a joué dans des films anglais et français au Canada,
en France, en Suisse et aux États-Unis.**

(Document-ressource: le magazine *L'actualité*)

L'actualité a interviewé cette actrice québécoise...

L'actualité: Avez-vous toujours été actrice?

Marina: Non. D'abord, j'ai été mannequin. Mais j'ai toujours voulu être sur scène.

L'actualité: Quel a été votre premier rôle?

Marina: J'ai joué dans la série télévisée *Lance et Compte*. J'ai eu le rôle de la sœur d'un champion de hockey.

L'actualité: À votre avis, quel a été votre rôle le plus important?

Marina: Le rôle d'Émilie Bordeleau dans *Les filles de Caleb*. Émilie a été une femme forte — une battante et une gagnante.

L'actualité: Avez-vous déjà eu le trac devant la caméra?

Marina: Bien sûr! Une fois, j'ai dû chanter du rock. On a filmé cette scène en direct, devant un public. J'ai eu une petite crise de nerfs, mais j'y ai tout mis et j'ai réussi.

L'actualité: Avez-vous un rêve pour l'avenir?

Marina: Oui. Un jour, je veux passer derrière la caméra, et diriger les acteurs et l'équipe technique.

- Qui est ton acteur préféré ou ton actrice préférée? Pourquoi aimes-tu cette vedette?

- D'habitude, dans quel genre de film joue cette vedette?

- Est-ce que cette vedette a joué dans un film récent? Quel film? Quel rôle a-t-elle joué? À ton avis, quel a été son meilleur rôle?

- Est-ce que tu as déjà voulu être acteur ou actrice? cascadeur ou cascadeuse? Dans quel genre de film?

INTERACTION

Tu es reporter pour le magazine *L'actualité*. Tu interviewes un acteur ou une actrice. Quelles questions vas-tu probablement poser?

Dans quel genre de films aimez-vous jouer?

Dans combien de films avez-vous joué?

Quel a été votre dernier film? Quel rôle avez-vous joué?

À votre avis, quel a été votre meilleur rôle?

À votre avis, pourquoi avez-vous eu un si grand succès?

De tous vos films, quel film a été le plus populaire?

Avez-vous déjà eu un rôle dangereux? Dans quel film?

Maintenant, pose tes questions. Ton ou ta partenaire joue le rôle de l'acteur ou de l'actrice. Note ses réponses à la page 79 de ton cahier d'activités. Après, changez de rôles.

Présentez ensemble votre interview à la classe.

langage-ressource p. 140

Michel Godin, annonceur
à la station de télévision CTOU,
présente une émission de critiques
de films récents...

MICHEL – Et maintenant, *CinéSemaine*
avec Rita Rase-Motte!...

RITA – Bonjour!

MICHEL – ...et Carla Coulisse!...

CARLA – Bienvenue tout le monde!

MICHEL – Eh bien, Rita, quels films sont à l'affiche cette semaine?

RITA – Il y en a trois, Michel — *Éternité*, *Agent Double* et *Terreur à Tokyo*.

CARLA – *Éternité*, c'est la touchante histoire d'un jeune couple amoureux...

RITA – ...et de leur combat héroïque contre une maladie incurable.

RITA – D'accord pour les acteurs. Mais comme film romantique, j'ai trouvé *Éternité* assez typique. À mon avis, deux étoiles.

CARLA – Miguel Bozyeux et Chantal Cappella sont superbes dans les rôles principaux. Le film mérite trois étoiles sur quatre.

CARLA – Nous avons aussi vu *Agent Double*...

RITA – Un excellent film! Moi, j'ai voulu surtout voir Matt Raque jouer dans un film d'espionnage et d'aventures. À son âge, il fait encore ses propres cascades! C'est incroyable!

CARLA – As-tu lu le livre?

RITA – Oui, et le metteur en scène a fait très peu de changements. L'intrigue est pleine de suspense et de mystère.

RITA – Comme j'ai dit, il a été magnifique! À mon avis, c'est un film quatre étoiles.

CARLA – Pour moi aussi — quatre étoiles. Mais parlons un peu de notre dernier film, *Terreur à Tokyo*.

RITA – Ah! quel navet! Des créatures grotesques de la planète Zargon attaquent Tokyo. Est-ce un film de science-fiction ou un film d'horreur? Je n'ai pas pu décider.

CARLA – Je suis d'accord pour la performance de Matt Raque. Il a mis beaucoup d'intelligence dans son rôle.

CARLA – Il y a de bons moments quand même. La scène au restaurant, par exemple, est terrifiante!

RITA – Tu as eu peur? Moi, j'ai trouvé ça comique! Une bande de Zargoniens qui mangent du sushi — ce n'est pas sérieux, ça!

CARLA – Mais les effets spéciaux...

RITA – ...Primitifs! Absolument primitifs!

CARLA – Mais...

RITA – ...et, en plus, le film est en japonais! Je n'ai pas compris un seul mot du dialogue! J'ai dû lire les sous-titres!

CARLA – Toi, Rita, tu es trop sévère! Moi, j'ai donné deux étoiles à *Terreur à Tokyo!*

RITA – ...Et moi, zéro! Eh bien, chacun son goût!

MICHEL – ...Et voilà! C'est la fin de notre émission. Merci, Rita! Merci, Carla! Et merci à vous, chers téléspectateurs. Ici Michel Godin. Soyez avec nous à la même heure...

CARLA – ...la semaine prochaine...

RITA – ...pour *CinéSemaine!* Au revoir!

en Studio

le cascadeur
la coiffeuse
la compositrice
la décoratrice
le metteur en scène
le caméraman
l'acteur
le maquilleur
le costumier
la scénariste

D'après leurs paroles, peux-tu deviner la fonction de chaque personne?

❶ « Minute! On doit réarranger ce décor! »

❷ « Je refuse de faire cette scène! C'est trop dangereux! »

❸ « Silence, on tourne! ...Action! »

❹ « Installez-vous devant le miroir. Je vais vous transformer en monstre! »

❺ « Attendez! Je veux modifier le dialogue un peu. »

❻ « Encore un peu de fixatif ...et voilà! Vos cheveux sont parfaits! »

❼ « Ici, les violons doivent ajouter une atmosphère de mystère. »

❽ « Attendez un moment. Je vais ajuster l'angle de la caméra. »

❾ « Voici les costumes pour la scène finale. »

❿ « Où est le parachute pour mon saut de l'avion? »

Silence! On double!

(Document-ressource: le magazine *L'Essentiel*)

Benji
La malice
UN FILM DE JOE CAMP

vive les similarités!

En français et en anglais, il y a beaucoup de mots similaires (par exemple, silence – *silence*). Quels autres exemples y a-t-il dans l'article?

Partout dans le monde, on adore le cinéma américain. Quand un grand film sort des studios d'Hollywood, par exemple, il y a des millions de francophones qui veulent voir cette récente création.

Le problème? Les acteurs du film parlent anglais. La solution? On *double* le film en français. C'est-à-dire que, dans un studio de doublage, des acteurs francophones prêtent leur voix aux personnages dans le film.

Le Québec est un centre très important pour le doublage de films et de séries télévisées. Il y a une douzaine de studios – la plupart à Montréal – et une centaine d'acteurs et d'actrices qui sont spécialistes dans ce domaine.

Le doublage n'est pas un métier facile. L'acteur ou l'actrice doit synchroniser ses phrases (en français) parfaitement avec les mouvements de lèvres de l'acteur ou de l'actrice dans la version originale. Si le doublage est excellent, le spectateur a l'impression que la vedette américaine parle parfaitement le français!

Il y a aussi des acteurs et actrices qui sont capables de faire leur propre doublage. C'est le cas de la vedette québécoise Marina Orsini, qui parle français et anglais, et de l'actrice américaine Jodie Foster. Adolescente, Jodie est allée au Lycée français de Los Angeles. Elle parle donc le français couramment, sans accent, et elle double ses films elle-même. Ça, c'est du vrai talent!

en famille!

En français, il y a beaucoup de noms et d'adjectifs de la même famille (par exemple, l'Amérique → américain). Quels adjectifs de l'article correspondent aux noms suivants?

la grandeur	
la francophonie	l'originalité
l'importance	l'excellence
la télévision	la capacité
la facilité	la vérité

chiffre-Manie!

Les chiffres parlent!
Et dans les pays francophones, bien sûr, ils parlent français.

As-tu déjà remarqué les usages suivants?

TOM SELLECK   STEVE GUTTENBERG   TED DANSON

Trois Hommes et un Bébé

Ils changent ses couches, elle change leur vie.

17 FÉVRIER

A **l'horloge de 24 heures**

1 h 00	Il est une heure (du matin).
12 h 00	Il est midi.
13 h 00	Il est une heure (de l'après-midi).
20 h 00	Il est huit heures (du soir).
24 h 00	Il est minuit.

B **l'année**

1926	mil neuf cent vingt-six
1993	mil neuf cent quatre-vingt-treize
1999	mil neuf cent quatre-vingt-dix-neuf
2000	deux mil

C **les mathématiques**

$2 + 2 = 4$ deux et deux égale quatre
$8 - 5 = 3$ huit moins cinq égale trois
$4 \times 6 = 24$ quatre fois six égale vingt-quatre
$25 \div 5 = 5$ vingt-cinq divisé par cinq égale cinq

D **les prix**

3,12 $ trois dollars douze (cents)

E **les décimales**

68,9 %   soixante-huit virgule neuf pour cent

F **la température**

Il fait dix degrés.
L'eau est à dix degrés.
La température est de dix degrés.

Peux-tu lire ces informations à haute voix?

1 On a tourné ce film en 1990.

2 $3 + 2 = 5$ $7 \times 4 = 28$
$9 - 8 = 1$ $40 \div 10 = 4$

3 Il y a 0,50 L de yogourt dans le frigo.

4 Les billets coûtent 16,25 $.

5 Aujourd'hui, il fait 22°.

vidéo-Manie!

TITRE : l'invitation

Scène 1 Plan éloigné: Une maison en ville.

Scène 2 Gros plan: Le téléphone sonne.

Scène 3 Plan moyen: Une fille descend l'escalier.

Scène 4 Gros Plan: La fille parle au téléphone (elle sourit).

Toi et un groupe d'amis, voulez-vous faire un vidéo? Alors, faites comme les professionnels!

A la planification
1. Décidez de vos fonctions: metteur en scène, acteurs et actrices, équipe technique (caméraman, éclairagiste, décorateur, costumier, accessoiriste, etc.).
2. Décidez du sujet de votre vidéo.
3. Rédigez une esquisse du scénario.
4. Rédigez le scénario final.
5. Préparez le scénario-maquette (pour montrer les scènes importantes).

B la préparation
1. Préparez les décors et les costumes.
2. Vérifiez l'éclairage et l'équipement.
3. Répétez les scènes.

C le tournage
1. Filmez chaque scène.
2. Refilmez si nécessaire.

D la présentation
On peut...
1. enregistrer de la musique.
2. ajouter les noms de tous les participants.

BRAVO!

135

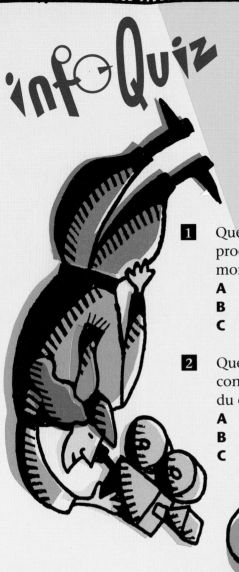

infoQuiz

maintenant à l'affiche!

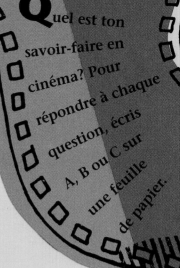

Quel est ton savoir-faire en cinéma? Pour répondre à chaque question, écris A, B ou C sur une feuille de papier.

1 Quel pays est le plus grand producteur de films du monde?
- **A** Les États-Unis.
- **B** La France.
- **C** L'Inde.

2 Quels frères français ont contribué au développement du cinéma?
- **A** Les frères Montgolfier.
- **B** Les frères Lumière.
- **C** Les frères Jacques.

3 Qu'est-ce qu'un *film muet?*
- **A** Un film musical.
- **B** Un film sans son.
- **C** Un film animé.

4 Quel a été le premier film à cent pour cent parlant?
- **A** *Lights of New York.*
- **B** *King Kong.*
- **C** *The Jazz Singer.*

5 Qu'est-ce que le *prix Gémeaux?*
- **A** C'est le grand prix du cinéma québécois.
- **B** C'est le grand prix du cinéma français.
- **C** C'est le grand prix du cinéma belge.

6 Quel appareil utilise-t-on pour regarder un film sur cassette?
- **A** Un magnétophone.
- **B** Un mégaphone.
- **C** Un magnétoscope.

7 Quel procédé utilise-t-on pour refaire le dialogue d'un film dans une autre langue?
- **A** Le mixage.
- **B** Le doublage.
- **C** Le sondage.

8 Qu'est-ce qu'un *navet?*
- **A** C'est un très mauvais film.
- **B** C'est un dessin animé.
- **C** C'est un documentaire sur les légumes.

9 Qui remplace la vedette dans les scènes dangereuses?
- **A** Un coiffeur ou une coiffeuse.
- **B** Un cascadeur ou une cascadeuse.
- **C** Un danseur ou une danseuse.

10 Qui est responsable de la direction d'un film?
- **A** Le metteur en scène.
- **B** Les acteurs.
- **C** Le scénariste.

11 Dans la production d'un film, qui est responsable des prises de vue?
- **A** Le caméraman.
- **B** Le costumier.
- **C** Le producteur.

12 Qui sont Denys Arcand, Jean-Claude Lauzon, Gilles Carle et Claude Jutras?
- **A** Des acteurs québécois.
- **B** Des metteurs en scène québécois.
- **C** Des musiciens québécois.

13 Qu'est-ce que l'*O.N.F.?*
- **A** L'Office national du film.
- **B** L'Ordre national des francophones.
- **C** L'Organisation de la noblesse française.

14 Qu'est-ce qu'un *téléroman?*
- **A** Un film italien en version originale.
- **B** Un livre adapté pour la télévision.
- **C** Une interview avec un grand auteur.

15 Quelle ville appelle-t-on « La Mecque du cinéma »?
- **A** Paris.
- **B** New York.
- **C** Hollywood.

16 Dans quel film a-t-on employé le plus grand nombre d'acteurs?
- **A** *Cléopâtre.*
- **B** *Les Dix Commandements.*
- **C** *Ben-Hur.*

17 Quel genre de film est spécifiquement américain?
- **A** Le policier.
- **B** Le mystère.
- **C** Le western.

18 Où est situé le plus grand cinéma du monde?
- **A** À Berlin.
- **B** À San Francisco.
- **C** À Londres.

19 Au cinéma, que signifie l'expression *Interdit aux moins de 18 ans?*
- **A** On doit avoir moins de 18 ans pour entrer.
- **B** On doit avoir 18 ans pour entrer.
- **C** On a pris 18 ans pour tourner le film.

20 Que sont *Cendrillon, Blanche Neige et les Sept Nains* et *La Belle et la Bête?*
- **A** Ce sont des films de science-fiction.
- **B** Ce sont des dessins animés.
- **C** Ce sont des magazines sur le cinéma.

Quel est ton rang dans le domaine du cinéma?

Compte une étoile ☆ pour chaque bonne réponse.

16 ☆ à 20 ☆	quatre étoiles
11 ☆ à 15 ☆	trois étoiles
6 ☆ à 10 ☆	deux étoiles
0 ☆ à 5 ☆	une étoile

le verbe *dire*

je dis
tu dis
il dit
elle dit
nous disons
vous dites
ils disent
elles disent

au passé composé: j'ai **dit**

J'ai dit «assez!»
Vous vous trompez.
Marie habite
Juste à côté!

Marie! Marie!
Mon cœur le dit:
Tu es mon rêve,
Tu es ma vie!

PRATIQUE a

que dit-on?

❶ Au cinéma, tu es devant le guichet. Que dis-tu?

▶ **Je dis « Un billet pour *Agent X*, s'il vous plaît. »**

❷ Au cinéma, Daniel est devant le comptoir. Que dit-il?

❸ Tu regardes un film d'horreur. Il est terrifiant. Que dis-tu?

❹ Avec son père, Martine regarde un film ennuyeux à la télé. Que dit-elle?

❺ Un camarade achète des billets de cinéma pour toi et ton ami. Que dites-vous?

❻ Diane et Lise arrivent au cinéma en retard. Que disent-elles?

❼ Tes amis regardent un documentaire sur la boxe. Que disent-ils?

❽ Tu regardes un film. Tes camarades parlent beaucoup. Que dis-tu?

possibilités

- « Merci beaucoup. C'est très gentil! »
- « Ce film est trop violent! »
- « Du maïs soufflé, s'il vous plaît. »
- « Zut! Nous avons manqué le commencement du film! »
- **« Un billet pour *Agent X*, s'il vous plaît. »**
- « Chut! Vous parlez trop! »
- « J'ai peur! »
- « Veux-tu changer de canal? »

138

PRATIQUE b

« Lumière ...action ...dialogue! »

Qu'est-ce qu'on a dit dans chaque scène?

❶

▶ **On a dit** « Chérie, je t'aime! »

❷

❸

❺

❹

❻

possibilités

- « Cette ville est trop petite pour nous deux! »
- « Désolé, je dois partir. »
- « Le message est en code. »
- « J'ai vu une soucoupe volante! »
- « As-tu peur des serpents? »
- **« Chérie, je t'aime! »**
- « Oh là là! J'ai vu un gros minou! »
- « Attention! Il est armé et dangereux! »

comment exprimer une action passée

contexte

Lucie parle avec sa copine Thérèse...

– Dis donc, Thérèse, qu'est-ce que tu **as fait** hier soir?

– Je suis allée au cinéma avec ma sœur.

– Ah oui? Quel film est-ce que vous **avez vu**?

– *L'attaque des pommes de terreur.*

– On dit que ce film est terrifiant.

– Et comment! Je **n'ai jamais eu** si peur!

– Et ta sœur?

– Elle **n'a pas pu** regarder quelques scènes.

– Alors, vous **avez dû** quitter la salle?

– Tu plaisantes! On a beaucoup aimé le film!

fonction

Pour exprimer une action passée, on utilise le **passé composé**.

participes passés

verbes réguliers		verbes irréguliers	
jou**er** → jou**é**		avoir → eu	
fin**ir** → fin**i**		comprendre → compris	
perd**re** → perd**u**		devoir → dû	
		dire → dit	
		être → été	
		faire → fait	
		lire → lu	
		mettre → mis	
		pouvoir → pu	
		prendre → pris	
		voir → vu	
		vouloir → voulu	

Tu **as pris** mon maïs soufflé?

Mais non! J'**ai mis** ton sac là-bas!

Quelle **a été** sa réaction?

Il n'**a** jamais **été** si fâché!

Tu n'**as** pas **pu** aller au cinéma?

Non. J'**ai dû** rester à la maison.

Tu **as lu** la critique de ce film?

Non, pas encore.

à l'écran!

Tu demandes de petites critiques à tes amis.

– **Tu as vu un film récemment?**
– Oui. J'ai vu *Anne et Alain*.
– **Il a été comment?**
– Excellent!

ciné-critiques

absurde	exceptionnel	intéressant
bizarre	extraordinaire	minable
comique	fabuleux	ridicule
dingue	fantastique	sensass
endormant	fascinant	superbe
ennuyeux	formidable	terrifiant
excellent	idiot	très bon

PRATIQUE

jeunesse oblige!

Tes amis n'ont pas regardé le grand film de la semaine à la télé. Quelles raisons donnent-ils?

> – **Tu as vu le film samedi?**
> – **Non, je n'ai pas pu.**
> – **Pourquoi?**
> – **J'ai dû aider mes parents.**

raisons possibles

- J'ai dû...
- ...aller à la bibliothèque.
- ...aller à une fête.
- **...aider mes parents.**
- ...faire mes devoirs.
- ...finir mon projet de sciences.
- ...jouer dans un tournoi de hockey.
- ...réparer ma bicyclette.
- ...sortir avec mes parents.
- ...visiter mes grands-parents.

- **commentaires possibles**

- Ce film a eu...
- ...la meilleure animation.
- ...les meilleures blagues.
- ...les meilleures cascades.
- ...les meilleurs costumes.
- ...les meilleurs dialogues.
- ...la meilleure histoire.
- ...la meilleure intrigue.
- ...la meilleure conclusion.
- **...les meilleurs effets spéciaux.**
  ...les meilleures performances comiques.
  ...les meilleures scènes d'action.
  ...la meilleure musique.
  ...le meilleur suspense.

 PRATIQUE **c**

ciné-sondage

Quels ont été les meilleurs films? Tu demandes les opinions de ton ou de ta partenaire.

– **Quel a été le meilleur film de science-fiction?**
– *La guerre des étoiles.*
– **Pourquoi?**
– **Parce qu'il a eu les meilleurs effets spéciaux.**

1 film de science-fiction
2 film d'espionnage
3 film d'aventures
4 film à suspense
5 dessin animé
6 policier
7 mystère
8 film d'horreur
9 film romantique
10 comédie

Parce que j'ai dû aller aux toilettes!
Quand je suis allé au comptoir, quelqu'un a pris ma place.
Non. J'ai dû tout expliquer.
Je n'ai pas voulu voir cette scène terrifiante.
Mais non! Je porte maintenant des verres de contact.
Non. J'ai lu les sous-titres.

PRATIQUE **d**

après le cinéma...

À ton avis, quelle réponse va avec chaque question?

Est-ce que tu as compris le dialogue?
Pourquoi est-ce que tu as mis tes mains devant tes yeux?
Pourquoi est-ce que tu as été si fâché?
Est-ce que ton frère a compris l'intrigue?
Tu n'as pas mis tes lunettes?
Pourquoi est-ce que tu es sorti si vite?

PRATIQUE e

vidéo-choix!

ALLÔ, POLICE!

Aventure à Istamboul

Boulevard du Crime

Chi Chi le Chat

Le Chien Invisible

Danger à Dakar

DRÔLE DE VOYAGE!

EL RANCHO GRANDE

La Guerre des galaxies

HÔTEL HORREUR

Histoire d'amour

Mystère au Maroc

Menace à Minuit

Agente Secrète

Les Sentiments du Cœur

CRI DE TERREUR

Le triangle des Bermudes

VINGT MINUTES À TOMBSTONE

Marc est chez son copain Daniel...

– Marc, tu veux regarder un vidéo?
– D'accord! Qu'est-ce que tu proposes?
– *Cri de Terreur.* C'est un film d'horreur.
– Non. J'ai déjà vu ça.
– ...Aimes-tu les films d'aventures?
– Oui, beaucoup.
– Bon! Tu as vu *Aventure à Istamboul*?
– Mais oui! Quel navet! Je n'ai rien compris!
– Alors, *Vingt minutes à Tombstone.* Ça va?
– Enfin, une bonne suggestion!

Tu veux regarder un vidéo avec ton ami ou amie.
Quel film allez-vous choisir? Créez une
conversation.

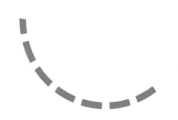

noms masculins

un acteur   *actor*
un dessin animé   *animated movie*
le dialogue   *dialogue*
des effets spéciaux   *special effects*
un film à suspense   *suspense movie*
un film d'aventures   *adventure movie*
un film d'espionnage   *spy movie*
un film d'horreur   *horror movie*
un film de science-fiction   *science-fiction movie*
un film romantique   *romantic movie*
un genre   *kind, type, sort*
un mystère   *mystery (movie)*
un policier   *detective movie*
un titre   *title*

noms féminins

une actrice   *actress*
une cascade   *stunt*
une histoire   *story*
une intrigue   *plot*
une performance   *performance*
une scène   *scene*

adjectifs

bizarre   *strange, odd, peculiar*
comique   *funny*
plein, pleine (de)   *full (of)*
récent, récente   *recent*
terrifiant, terrifiante   *terrifying, frightening*
violent, violente   *violent*

verbes

dire (dit)*   *to say, to tell*
montrer   *to show*
voir (vu)*   *to see*

expression

avoir peur (de)   *to be afraid (of)*

* verbe irrégulier

chacun son style!

communication

exprimer tes préférences en vêtements

•

discuter de la mode

•

proposer un nouveau vêtement

•

discuter de la conservation de l'énergie dans les soins personnels

expériences

créer une garde-robe d'été idéale

accorder une interview sur l'importance de l'apparence

créer une description et un slogan publicitaire pour un nouveau vêtement

rédiger une liste d'articles et de produits pour une excursion

Est-ce que les jeunes attachent beaucoup d'importance à leur apparence?

- D'habitude, qu'est-ce que tu portes à l'école? (par exemple, des jeans, un pantalon, une jupe, une robe, un chandail, un jogging, une blouse, une chemise, un tee-shirt, un blouson, des bottes, des mocassins, des baskets)

- Qu'est-ce qui détermine ton choix de vêtements? Est-ce la publicité? tes goûts personnels? les goûts de tes parents? de tes amis? de tes idoles?

- Quand tu achètes un vêtement, qu'est-ce qui est le plus important pour toi? (par exemple, le confort, la marque, la mode, la qualité, le prix)

- Quand on sort avec des amis, que fait-on pour se préparer? (par exemple, se laver, se brosser les dents, s'habiller, se coiffer, se maquiller)

COLLABORACTION

En petit groupe...

a Proposez **dix** vêtements pour une garde-robe d'été idéale. (D'abord, décidez si c'est une garde-robe pour garçon ou une garde-robe pour fille.)

b Notez les choix du groupe à la page 96 ou 97 du cahier d'activités.

c Choisissez un membre du groupe pour lire vos résultats à la classe.

Combien de fois est-ce que les autres groupes (garde-robe pour garçon ou garde-robe pour fille) ont mentionné chaque vêtement de votre liste?

langage-ressource p.168

Comment est-ce que tu t'habilles quand...

- tu vas à l'école?
- tu sors avec des amis?
- tu vas à une fête?
- tu restes à la maison?

Je m'habille toujours en jeans!

boîte à ressources

un bermuda

un blazer

un chandail

un maillot de bain

un polo

un pantalon de jogging

une salopette

un sweat-shirt

des sandales

un blouson

un short

149

Chacun son *Style!*

Tout le monde s'habille d'après son style personnel. Qu'est-ce qui détermine ton look? Est-ce l'image que tu veux projeter? Veux-tu t'identifier avec un certain groupe?

les années 40

Un ensemble typique « après-guerre ».

Le look « rock'n'roll ». Les jeunes cherchent un style bien personnel.

Les années 50

(Document-ressource: le magazine *Ça va*)

LES ANNÉES 60

C'est le début du look « mod ». Pour les filles, les minijupes. Pour les garçons, les complets simples.

les années 70

L'individualisme est roi! Certains jeunes adoptent le style « hippie ». D'autres, le style « disco ». Les vedettes de la musique influencent beaucoup le choix de vêtements des jeunes.

les années 80

C'est l'époque du « punk rock ». La révolte est reflétée dans les vêtements, les coiffures et le maquillage des jeunes. Les vêtements de sport sont de plus en plus populaires comme vêtements de tous les jours.

LES ANNÉES 90

C'est le look « relax ». Tout est décontracté et confortable — un retour aux vêtements simples et aux étoffes naturelles.

EXPLORACTION

- Quel look aimes-tu le plus? Quel look aimes-tu le moins?

- À ton avis, quel look est le plus chic? le plus pratique? le plus branché? le plus laid? le plus bizarre? le plus comique?

- D'après toi, quels facteurs influencent le choix des vêtements des jeunes aujourd'hui?

- Peux-tu imaginer le look de l'an 2010? Qu'est-ce que les jeunes vont porter?

COLLABORACTION

Toi et tes amis, vous travaillez dans le service de marketing de la compagnie « Élan ». Vous devez proposer à la direction un nouveau vêtement unisexe. (*cahier d'activités*, pp. 98-99)

Présentez vos idées à la classe. La classe va évaluer tous les vêtements proposés. (*cahier d'activités*, p.99)

langage-ressource p.168

a Déterminez quel vêtement vous allez proposer.

b Proposez le tissu idéal.

c Présentez un choix de trois couleurs différentes.

d Déterminez le prix de vente du vêtement.

e Créez un logo et un slogan publicitaire.

Élan... la marque de qualité et de confort

ÉLAN UN LOOK QUI SE PORTE TOUJOURS BIEN!

OFFREZ-VOUS LE MEILLEUR!

GÂTEZ-VOUS AVEC ÉLAN!

ÉLAN... ÇA S'ÉLANCE!

Le Style et la qualité se rencontrent!

HABILLEZ-VOUS AVEC ÉLAN!

BRANCHEZ-VOUS!

ÉCO-LOGIQUE!

Prends une douche au lieu d'un bain.

Quand tu te prépares pour l'école ou à sortir avec tes amis, fais-tu des efforts pour être écolo? Environnement Canada propose des idées pratiques.

EXPLORACTION

- D'habitude, que fais-tu pour te préparer pour l'école?

- Selon les dentistes, quel est le meilleur moment pour se brosser les dents?

- Pourquoi est-ce qu'Environnement Canada recommande une douche au lieu d'un bain?

- Quand tu te prépares le matin, que peux-tu faire pour être plus écolo?

COLLABORACTION

Toi et ta classe, vous allez passer une semaine dans un parc provincial. Vous allez rester dans un chalet moderne. (*cahier d'activités*, pp.100-101)

En petit groupe...

a Choisissez cinq articles et produits qui sont utiles à l'hygiène personnelle.

b Choisissez cinq articles et produits qui sont utiles à la beauté personnelle.

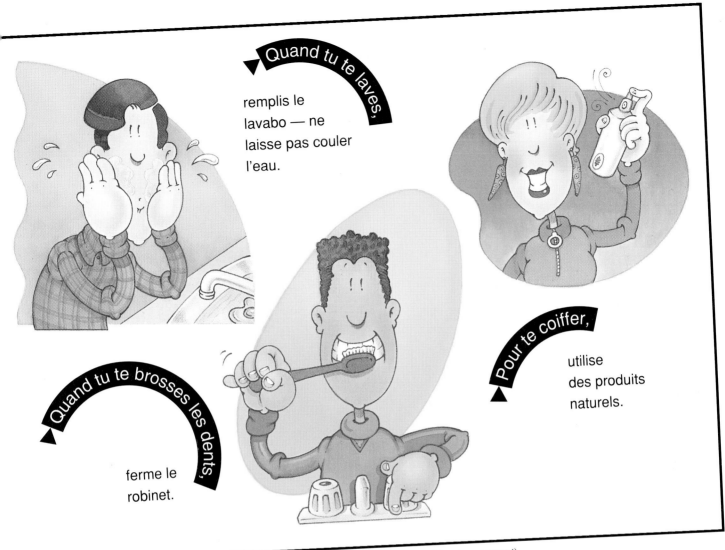

Quand tu te laves, remplis le lavabo — ne laisse pas couler l'eau.

Quand tu te brosses les dents, ferme le robinet.

Pour te coiffer, utilise des produits naturels.

(Document-ressource: Environnement Canada: *Ce que nous pouvons faire pour l'environnement*)

langage-ressource p.168

c Déterminez les cinq articles et produits qui, à votre avis, sont absolument essentiels.

Choisissez un membre de votre groupe pour écrire votre liste finale au tableau. Expliquez pourquoi vous avez choisi ces articles. Quels articles et produits figurent dans toutes les listes?

Vive L'été!

C'est le samedi 21 juin. À huit heures et demie du matin, on sonne à la porte des Lemieux. Madame Lemieux ouvre...

Ah! Lucie! Marie! Entrez donc!

Merci, madame.

Véronique est prête?

Elle se prépare, je pense. ...Véro! Tes amies sont là!

D'accord! Dix minutes pour me laver et m'habiller et je suis là!

Vingt minutes plus tard. Lucie et Marie s'impatientent...

Mais que fait-elle donc?

Elle se coiffe, sans doute. Elle va prendre au moins quinze minutes pour se brosser les cheveux!

Et encore quinze minutes pour se maquiller!

Finalement, une demi-heure plus tard, Véronique descend...

Te voilà enfin! Nous sommes déjà en retard!

En retard pour un solde? Tu blagues!

Pas pour *un* solde, pour *le* solde de l'année! Chez Méga-Mode il y a un rabais de 50 pour cent sur tout le stock!

Alors, vite! On ne veut pas manquer les aubaines!

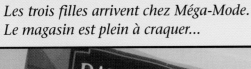

Les trois filles arrivent chez Méga-Mode. Le magasin est plein à craquer...

RABAIS ADDITIONNEL DE 50%
(AVEC EXCEPTIONS)

C'est incroyable! Toutes les meilleures marques à moitié prix!

Bon! À l'attaque! On se rencontre à la caisse dans une heure!

RABAIS ...NEL DE 50%

D'accord!

Les trois filles se séparent pour faire leurs achats.

Une heure plus tard, à la caisse...

Ouf! Quelle bataille! Moi, je n'ai pas l'habitude de magasiner comme ça!

Mais qu'est-ce que tu as trouvé?

Eh bien, regarde! J'ai un nouveau jogging, des baskets, des jeans, un chandail et un blouson!

Mais, Véro! Nous avons deux mois de vacances!

Précisément! Et je vais passer ces deux mois à la plage.

À la plage?

Bien sûr! Et je vais porter la même chose tous les jours — mon maillot de bain et une paire de sandales. Vive l'été!

VIVE les JEANS !

Le tem

Les jeans, la mode universelle des jeunes, ont des origines humbles mais fascinantes.

Au début, le mot « jeans » en anglais signifie une salopette fabriquée d'une grosse toile tissée à Gênes, une ville d'Italie. À l'époque, cette étoffe s'appelle *genovese* — une expression qui veut dire « de Gênes » en italien. En anglais, à cause d'une mauvaise prononciation, le mot italien *genovese* devient « jeans ».

En 1873, Levi Strauss, un jeune marchand de San Francisco, commence à fabriquer des « jeans » d'une autre sorte d'étoffe bien robuste: le « denim ». Cette étoffe a ses origines à Nîmes, une ville du sud de la France; donc, elle est « de Nîmes ».

Pendant plus de cent ans, le style des Levi's ne change pas. Le mot « jeans » signifie toujours des « Levi's » en denim bleu.

Aujourd'hui, il y a d'autres

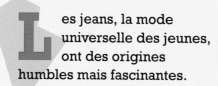

s arrange bien les choses.

LEVI'S

(Document-ressource: publicité *Levi's*)

marques de jeans et des jeans fabriqués en étoffe autre que le denim. Il y a même des « designer jeans »!

Mais les jeans en denim bleu — les « blue-jeans » — restent l'uniforme des jeunes dans tous les coins du monde.

Vive les jeans!

Savoir faire!

Veux-tu savoir comment mieux apprendre et communiquer en français? Voici quelques suggestions et stratégies.

> **Pour apprendre et pour te souvenir du nouveau vocabulaire**

- Invente un système pour **grouper** les nouveaux mots; par exemple, masculin et féminin; noms et verbes; fonctions (excuses, demandes, etc.); similarités (*personne, personnel, personnalité*, etc.).

- **Associe** le nouveau mot avec un mot connu; par exemple, *brosse, se brosser; préparation, se préparer*, etc.

- Associe le nouveau mot avec une **image**. Utilise ton imagination!

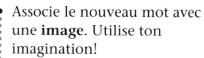

- Pour créer un **contexte**, utilise le nouveau mot tout de suite dans une phrase. Répète la phrase plusieurs fois.

- Imagine une **situation** où tu utilises le nouveau mot ou la nouvelle expression.

- **Le français est partout** — à la radio, à la télévision, sur les boîtes de céréales, etc. Essaie d'en comprendre autant que possible. Ne te décourage pas!

- Cherche des **indices** pour *deviner* la signification d'un nouveau mot. Ressemble-t-il à un mot anglais? à un autre mot français? Quelle est sa signification probable, selon le contexte?

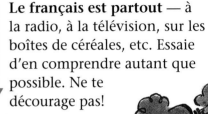

Pour communiquer

- Tout d'abord, cherche des situations où tu peux **pratiquer** ton français: par exemple, avec ton professeur, avec des francophones, et même avec tes amis!

- Si tu ne sais pas une certaine expression, ne panique pas! Utilise un **synonyme**, des **gestes**, ou demande de l'**aide**; par exemple, *Comment dit-on ...? Que veut dire ...?*

- Mémorise quelques petites formules que tu peux utiliser dans chaque conversation; par exemple, *bien sûr, d'accord, exactement, de toute façon, c'est ça, n'est-ce pas, eh bien, alors,* etc.

- N'aie pas peur de **prendre des risques**!

SOIS FLEXIBLE! SOIS OUVERT! ET, SURTOUT, ...AMUSE-TOI BIEN!

chic, alors!

Quel est ton savoir-faire en mode? Pour répondre à chaque question, écris A, B ou C sur une feuille de papier.

1 Qu'est-ce qu'une dame porte pour une grande soirée?
- **A** Des pantoufles.
- **B** Des hauts talons.
- **C** Des raquettes.

2 Qu'est-ce qu'on porte quand il pleut?
- **A** Un bikini.
- **B** Un imperméable.
- **C** Un peignoir.

3 Qu'est-ce que les *baskets*, les *sandales* et les *bottes?*
- **A** Ce sont des chaussettes.
- **B** Ce sont des chaussures.
- **C** Ce sont des pantalons.

4 Qu'est-ce qu'un *béret?*
- **A** C'est un chapeau.
- **B** C'est un chandail.
- **C** C'est un soulier.

5 De quel animal vient *la laine?*
- **A** Du caribou.
- **B** De la vache.
- **C** Du mouton.

6 Quel établissement nettoie les vêtements?
- **A** La pharmacie.
- **B** La banque.
- **C** Le nettoyage à sec.

7 À quel vêtement attache-t-on des *bretelles?*
- **A** À un chapeau.
- **B** À un pantalon.
- **C** À des bottes de ski.

8 Qui a inventé la fermeture éclair?
- **A** Whitcomb L. Judson.
- **B** Jack the Zipper.
- **C** Christian Dior.

9 Où porte-t-on un *foulard?*
- **A** Autour de la taille.
- **B** Autour du cou.
- **C** Sur les pieds.

10 Quelle est la spécialité des compagnies *Lancôme* et *Estée Lauder?*
A Les articles de sport.
B Les vêtements pour homme.
C Les produits de beauté.

11 Que sont *Obsession, Poison* et *Chanel N⁰ 5?*
A Des parfums.
B Des baskets.
C Des jeans.

12 Qui a inventé les jeans?
A Serge Denîmes.
B Jean DuPays.
C Levi Strauss.

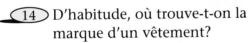

13 Quel tissu est synthétique?
A Le coton.
B Le polyester.
C La soie.

14 D'habitude, où trouve-t-on la marque d'un vêtement?
A Sur le col.
B Sur la manche.
C Sur la pochette.

15 Sur un article à vendre, que signifie l'expression *en solde?*
A On a augmenté le prix.
B On a baissé le prix.
C On n'a pas changé le prix.

16 Qu'est-ce qu'un cordonnier répare?
A Les chaussures.
B Les bijoux.
C Les lunettes.

17 Qu'est-ce qu'on fait avec un *peigne?*
A On se maquille.
B On se brosse les dents.
C On se coiffe.

18 Qu'est-ce qu'un *complet?*
A C'est un jogging.
B C'est un pantalon et un veston.
C C'est une longue robe.

19 Comment appelle-t-on un créateur de vêtements?
A Un bijoutier.
B Un coiffeur.
C Un couturier.

20 Dans un défilé de mode, qui présente les vêtements?
A Les mannequins.
B Les spectateurs.
C Les photographes.

Quel est ton rang dans le domaine de la mode?
Compte un cintre pour chaque bonne réponse.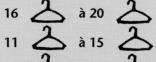

16 à 20		**cintre d'or**
11 à 15		**cintre d'argent**
6 à 10		**cintre de bronze**
0 à 5		**cintre de bois**

167

comment exprimer une action réfléchie

contexte

👓 *Monique veut se préparer pour une fête. Son frère Paul est dans la salle de bains. Monique frappe à la porte...*

– Paul, tu sors, oui ou non?
– Monique, je **me lave** les cheveux.
– Écoute! Je dois **me coiffer** et **me maquiller**!
– Désolé, tu dois attendre!

fonction

Pour montrer qu'on est l'objet de certaines actions, on utilise un **verbe réfléchi**.

Compare

Je **lave** la voiture.
Tu **prépares** la salade?
Elle n'**habille** pas sa petite sœur.
Nous **brossons** souvent le chien.
Ils ne veulent pas **laver** le chat.

Je **me lave** les mains.
Tu **te prépares** pour l'école?
Elle ne **s'habille** jamais vite.
Nous **nous brossons** les cheveux.
Ils ne veulent pas **se laver**.

le verbe réfléchi *se laver*

je me lave
tu te laves
il se lave
elle se lave
nous nous lavons
vous vous lavez
ils se lavent
elles se lavent

je ne me lave pas
tu ne te laves pas
il ne se lave pas
elle ne se lave pas
nous ne nous lavons pas
vous ne vous lavez pas
ils ne se lavent pas
elles ne se lavent pas

Tu **te brosses** souvent les dents?

Oui, docteur. Après chaque repas.

Où est Richard?

Il **se lave** les mains.

Jacques n'est pas prêt?

Non! Il ne **s'habille** jamais à temps!

Vite! On doit partir!

Minute! Je **me coiffe**!

- Un verbe réfléchi a deux éléments: un **pronom réfléchi (me, te, se, nous, vous, se)** et un verbe.

- Le pronom **se (s')** devant un infinitif signale toujours un verbe réfléchi: **se laver, s'habiller**.

PRATIQUE **a**

la mode personnelle

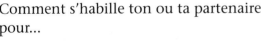

Comment s'habille ton ou ta partenaire pour...

❶ aller à une fête?

– **Comment est-ce que tu t'habilles pour aller à une fête?**
– **D'habitude, je mets un pantalon, un chandail et des souliers.**

❷ aller au cinéma?
❸ assister à un événement officiel?
❹ faire du jogging?
❺ faire du camping?
❻ jouer au tennis?
❼ faire de la bicyclette?
❽ jouer au soccer?

une cravate

un complet

un tailleur

un cuissard

un polo

169

PRATIQUE b

vite!

Tu arrives chez ton ami ou amie. Il ou elle n'est pas encore prêt(e).

– Vite! On doit partir!
– Attends! Je me coiffe.
– Toi, tu es toujours en retard!
– Du calme, j'arrive!

quelle routine!

Est-ce que ton ou ta partenaire préfère…

❶ se coiffer avec une brosse ou avec un peigne?

> – **Préfères-tu te coiffer avec une brosse ou avec un peigne?**
> – **Je préfère me coiffer avec une brosse.**
> *ou* – **Je préfère me coiffer avec un peigne.**

❷ se laver les cheveux le matin ou le soir?

❸ se préparer pour l'école avant ou après le petit déjeuner?

❹ se coiffer avec de la gelée coiffante ou du fixatif à cheveux?

❺ se brosser les dents avec une brosse ordinaire ou électrique?

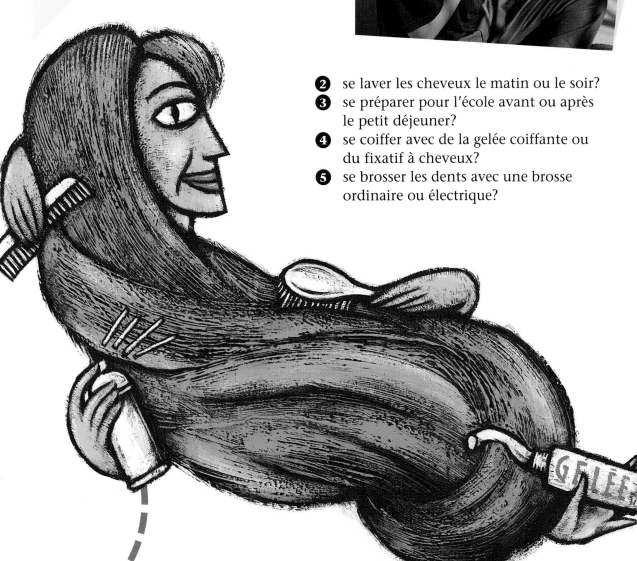

PRATIQUE  d

quel désastre!

🔊 *Léon se prépare à sortir avec des camarades. Il parle avec sa sœur Louise...*

— Tu sors ce soir, Léon?
— Oui, je vais au cinéma.
— Alors, tu veux te coiffer?
— Bien sûr!
— Je regrette, mais il n'y a plus de gelée.
— Quel désastre!

les préparatifs

Tu veux...
...te brosser les dents.
...te coiffer.
...te laver les cheveux.

Tu te prépares à sortir.
Ton frère ou ta sœur annonce
un petit problème.
Créez des conversations.

...prendre un bain.

...prendre une douche.

les problèmes

Il n'y a plus...

de dentifrice

d'eau chaude

de savon

de serviettes
propres

de gelée
(coiffante)

de fixatif
(à cheveux)

de shampooing

de mousse (coiffante)

172

noms masculins

des baskets   *sneakers, running shoes*
un blouson   *jacket, windbreaker*
un chandail   *sweater*
des jeans   *jeans*
un jogging   *sweatsuit*
des mocassins   *moccasins, loafers*
un pantalon   *pants, trousers*
un short   *shorts*
des souliers   *shoes*
un vêtement   *article of clothing*

noms féminins

une blouse   *blouse*
des bottes   *boots*
une chemise   *shirt*
une jupe   *skirt*
une marque   *brand; label*
la mode   *fashion*
une robe   *dress*

pronoms

me   *myself*
nous   *ourselves*
se   *himself; herself; themselves*
te   *yourself*
vous   *yourself; yourselves*

adjectif

personnel, personnelle *personal*

verbes

se brosser (les dents/les cheveux)   *to brush (one's teeth/hair)*
se coiffer   *to do one's hair*
s'habiller   *to dress, to get dressed*
se laver (les mains/les cheveux)   *to wash (one's hands/hair)*
se maquiller   *to put on make-up*
porter   *to wear*
se préparer   *to get ready*

verbes réguliers

infinitif	présent	passé composé
parl<u>er</u>	je parles	j'ai parlé
	tu parles	tu as parlé
parle!	il parle	il a parlé
parlons!	elle parle	elle a parlé
parlez!	nous parlons	nous avons parlé
	vous parlez	vous avez parlé
	ils parlent	ils ont parlé
	elles parlent	elles ont parlé
fin<u>ir</u>	je finis	j'ai fini
	tu finis	tu as fini
finis!	il finit	il a fini
finissons!	elle finit	elle a fini
finissez!	nous finissons	nous avons fini
	vous finissez	vous avez fini
	ils finissent	ils ont fini
	elles finissent	elles ont fini
vend<u>re</u>	je vends	j'ai vendu
	tu vends	tu as vendu
vends!	il vend	il a vendu
vendons!	elle vend	elle a vendu
vendez!	nous vendons	nous avons vendu
	vous vendez	vous avez vendu
	ils vendent	ils ont vendu
	elles vendent	elles ont vendu

présent de l'indicatif

acheter	appeler	commencer
j'achète	j'appelle	je commence
tu achètes	tu appelles	tu commences
il achète	il appelle	il commence
elle achète	elle appelle	elle commence
nous achetons	nous appelons	nous commençons
vous achetez	vous appelez	vous commencez
ils achètent	ils appellent	ils commencent
elles achètent	elles appellent	elles commencent

manger*	préférer
je mange	je préfère
tu manges	tu préfères
il mange	il préfère
elle mange	elle préfère
nous mangeons	nous préférons
vous mangez	vous préférez
ils mangent	ils préfèrent
elles mangent	elles préfèrent

* comme *manger* : arranger, changer, nager, ranger, voyager

infinitif	présent	passé composé
aller	je vais	je suis allé(e)
	tu vas	tu es allé(e)
va!	il va	il est allé
allons!	elle va	elle est allée
allez!	nous allons	nous sommes allé(e)s
	vous allez	vous êtes allé(e)(s)
	ils vont	ils sont allés
	elles vont	elles sont allées
avoir	j'ai	j'ai eu
	tu as	tu as eu
aie!	il a	il a eu
ayons!	elle a	elle a eu
ayez!	nous avons	nous avons eu
	vous avez	vous avez eu
	ils ont	ils ont eu
	elles ont	elles ont eu
devoir	je dois	j'ai dû
	tu dois	tu as dû
	il doit	il a dû
	elle doit	elle a dû
	nous devons	nous avons dû
	vous devez	vous avez dû
	ils doivent	ils ont dû
	elles doivent	elles ont dû
dire	je dis	j'ai dit
	tu dis	tu as dit
dis!	il dit	il a dit
disons!	elle dit	elle a dit
dites!	nous disons	nous avons dit
	vous dites	vous avez dit
	ils disent	ils ont dit
	elles disent	elles ont dit

infinitif	présent	passé composé
être	je suis	j'ai été
	tu es	tu as été
sois!	il est	il a été
soyons!	elle est	elle a été
soyez!	nous sommes	nous avons été
	vous êtes	vous avez été
	ils sont	ils ont été
	elles sont	elles ont été
faire	je fais	j'ai fait
	tu fais	tu as fait
fais!	il fait	il a fait
faisons!	elle fait	elle a fait
faites!	nous faisons	nous avons fait
	vous faites	vous avez fait
	ils font	ils ont fait
	elles font	elles ont fait
lire	je lis	j'ai lu
	tu lis	tu as lu
lis!	il lit	il a lu
lisons!	elle lit	elle a lu
lisez!	nous lisons	nous avons lu
	vous lisez	vous avez lu
	ils lisent	ils ont lu
	elles lisent	elles ont lu
mettre	je mets	j'ai mis
	tu mets	tu as mis
mets!	il met	il a mis
mettons!	elle met	elle a mis
mettez!	nous mettons	nous avons mis
	vous mettez	vous avez mis
	ils mettent	ils ont mis
	elles mettent	elles ont mis
partir	je pars	je suis parti(e)
	tu pars	tu es parti(e)
pars!	il part	il est parti
partons!	elle part	elle est partie
partez!	nous partons	nous sommes parti(e)s
	vous partez	vous êtes parti(e)(s)
	ils partent	ils sont partis
	elles partent	elles sont parties

infinitif	présent	passé composé
pouvoir	je peux	j'ai pu
	tu peux	tu as pu
	il peut	il a pu
	elle peut	elle a pu
	nous pouvons	nous avons pu
	vous pouvez	vous avez pu
	ils peuvent	ils ont pu
	elles peuvent	elles ont pu
prendre	je prends	j'ai pris
	tu prends	tu as pris
prends!	il prend	il a pris
prenons!	elle prend	elle a pris
prenez!	nous prenons	nous avons pris
	vous prenez	vous avez pris
	ils prennent	ils ont pris
	elles prennent	elles ont pris
sortir	je sors	je suis sorti(e)
	tu sors	tu es sorti(e)
sors!	il sort	il est sorti
sortons!	elle sort	elle est sortie
sortez!	nous sortons	nous sommes sorti(e)s
	vous sortez	vous êtes sorti(e)(s)
	ils sortent	ils sont sortis
	elles sortent	elles sont sorties
vouloir	je veux	j'ai voulu
	tu veux	tu as voulu
	il veut	il a voulu
	elle veut	elle a voulu
	nous voulons	nous avons voulu
	vous voulez	vous avez voulu
	ils veulent	ils ont voulu
	elles veulent	elles ont voulu

lexique

* langue familière
† canadianisme

• • • A

à to; at; in; **à l'affiche** showing, playing (at the movies); **à l'antenne** on the air; **à l'attaque!** let's go!; **à base de** made from; **à bicyclette/à vélo** by bicycle; **a capella** without instrumental accompaniment; **à cause de** because of; **à cœur** to heart; **au cœur de** in the heart/centre of; **à côté de** next to, beside; **au courant** current, up-to-date; **à l'écran** on the screen; **à l'étranger** abroad; **au gratin**; with a cheese topping; **à haute voix** aloud; **à l'heure** on time; **à part** besides; **à ne pas manquer** not to be missed; **à moitié prix** half price; **à pied** on foot; **à plein temps** full-time; **à la radio** on the radio; **à la télé(vision)** on television; **à temps** in time; **à travers** across; through; **à mon/ton avis** in my/your opinion; **à volonté** all you can eat

abandonner to abandon; **abandonnons la partie!** let's give up (the fight)!

abord: d'abord first; firstly; **tout d'abord** first of all

absolument absolutely

absurde absurd

un accessoiriste, une accessoiriste prop man, prop woman

un accompagnement *m.* accompaniment

accompagner to accompany, to go with; to join

accomplir to accomplish

un accord agreement; **d'accord** okay, sure; **être d'accord** to agree

accorder to grant

un achat purchase; **faire des achats** to go shopping

acheter to buy

un acheteur, une acheteuse buyer

l'acier *m.* steel

un acteur actor

actif, active active

activement actively

une activité activity

une actrice actress

un additif additive

une addition bill

un admirateur, une admiratrice admirer, fan

admirer to admire

un adolescent, une adolescente (ado) adolescent, teenager

une adresse address

un adulte, une adulte adult

un adversaire, une adversaire opponent

un aéroport airport

les affaires *f.* business; **classe affaires** business class

affecter to affect

une affiche poster; sign; **à l'affiche** showing, playing (at the movies)

affreux, affreuse awful, horrible

affreusement horribly

africain(e) African

l'âge *m.* age; **quel âge as-tu? quel âge avez-vous?** how old are you?; **(la musique) Nouvel Âge** New Age (music)

âgé(e) elderly, old

une agence agency; **agence de location de voitures** car rental agency; **agence de publicité**; advertising agency **agence de voyages** travel agency

agréable pleasant, likeable

l'aide *f.* help, aid; **à l'aide de** with the aid of

aider to help; **je peux t'aider? je peux vous aider?** may I help you?

l'ail *m.* garlic

une aile wing

aimable likeable, friendly, nice, kind, pleasant

aimer to like

ainsi thus; **ainsi de suite** and so forth, and so on

l'air *m.* air; **avoir l'air** to seem, to look, to appear; **de plein air** outdoor; **en plein air** outdoors

ajouter to add

ajuster to adjust

un aliment food (product)

alimentaire food(-related)

une allée driveway

aller to go; **allez-y!** go ahead!; **allons-y!** let's go!; **on y va!** away we go!

une allergie allergy

allô hello (on the phone)

alpin(e) alpine; **le ski alpin** downhill skiing

un amateur amateur; fan; **amateur de films** "film buff"

une ambiance atmosphere; **la musique d'ambiance** mood music; **ambiance de fête** festive atmosphere

une âme soul

améliorer to improve

américain(e) American; **latino-américain(e)**; Latin-American; **sud-américain(e)** South American

un **Amérindien, une Amérindienne** North American Indian

un **ami, une amie** friend

amicalement best regards

l'**amitié** *f.* friendship; **amitiés** best wishes, regards

l'**amour** *m.* love

un **amoureux, une amoureuse** lover

amusant(e) amusing, fun, funny

amuser to amuse, to entertain

s'**amuser** to have a good time, to enjoy oneself; **amusez-vous bien!** have a good time!

un **an** year; **j'ai ... ans** I'm ... years old

un **anchois** anchovy

une **andouille**: sausage; **espèce d'andouille!*** (you) idiot!

anglais(e) English

l'**anglais** *m.* English (language); **un cor anglais** English horn

un **animal (des animaux)** animal; **animal aquatique** marine animal; **animal de compagnie** pet; **le contenu animal** animal/fat content

un **animateur, une animatrice** deejay; host

animer to animate; to host; **un dessin animé** animated movie; cartoon

une **année** year; grade; **les années 80** the 80s

un **anniversaire** birthday; **bon anniversaire!** happy birthday!

une **annonce (publicitaire)** advertisement; **les annonces classées, les petites annonces** classified ads

annoncé(e) advertised

annoncer to announce, to advertise

un **annonceur, une annonceuse** announcer

un **annuaire** directory; yearbook; **annuaire téléphonique** telephone directory

annulé(e); cancelled

une **antenne** antenna, aerial; **à l'antenne** on the air

antiallergique hypoallergenic

antillais(e) West Indian

les **Antilles** *f.* West Indies

un **appareil** device; appliance; machine

une **apparence** appearance

un **appartement** apartment

un **appel (telephone)** call

appeler to call; to name

s'**appeler** to be named

un **appétit** appetite; **bon appétit!** enjoy your meal!

apporter to take (along), to bring (along)

apprendre (appris) to learn; to teach

après after; **après la classe** after school; **après-demain** the day after tomorrow; **après tout** after all; **d'après** according to

un **après-midi** afternoon

approprié(e) appropriate, suitable

aquatique aquatic, water

l'**arabe** *m.* Arabic (language)

un **arbitre** referee; umpire

un **arbre** tree

une **arcade** arcade

un **archet** bow (music)

une **aréna†** arena

l'**argent** *m.* money; silver; **argent de poche** pocket money; allowance

armé(e) armed

un **arrêt** stop; save (sports); **arrêt d'autobus** bus stop

arrêter to stop; to shut off; to arrest

une **arrivée** arrival

arriver to arrive; **qu'est-ce qui est arrivé?** what happened?

un **art** art; **arts martiaux** martial arts; **une galerie d'art**; art gallery; **un objet d'art** work of art

un **article** article, thing, item

un **artiste, une artiste** artist

artistique artistic; **le patinage artistique** figure skating

un **ascenseur** elevator

asseyez-vous sit down

assez (de) enough; rather

une **assiette** plate; dish; **une demi-assiette** half a plate

assister (à) to attend

associer to associate

un **assortiment** assortment, selection

un **athlète, une athlète** athlete

athlétique athletic

l'**athlétisme** *m.* track and field

attendre to wait (for)

l'**attention** *f.* attention; **faire attention (à)** to pay attention (to); **attention!** pay attention!; watch out!, be careful!

attirer to attract

une **attraction**: **un parc d'attractions** amusement park; **attractions touristiques** tourist attractions

au to; in; with; **au four** in the oven; **au gratin** with a cheese topping; **au lieu de** instead of; **au moins** at least; **au revoir** good-bye

une **aubaine** sale; deal

une **auberge** inn

un **auditeur, une auditrice** (radio) listener

augmenter to increase; to raise; to turn up

aujourd'hui today

aussi also, too; **aussi ... que** as ... as

autant que possible as much as possible

un **auteur, une auteure** author

une **auto(mobile)** car, automobile; **en auto** by car

un **autobus** (city) bus; **en autobus** by (city) bus

un **autocar** passenger coach

l'**auto-défense** *f.* self-defense

un **autographe** autograph

automatique automatic

l'**automne** *m.* fall, autumn

une **autoroute** highway

autour de around, near

autre other, another; **autre chose** something else

un **autre, une autre** other

l'**avance** *f.* advance; **en avance** early

avant before

un **avant-propos** foreword, preface

avant-gardiste avant-garde; ahead of its time; on the leading edge

un **avantage** advantage, benefit

avec with

un **avenir** future

une **aventure** adventure; **un film d'aventures** action movie

aveugle blind, visually-impaired

un **avion** airplane; **en avion** by plane

un **avis** opinion; **à mon/ton avis** in my/your opinion

avoir (eu) to have; **avoir ... ans** to be ... years old; **avoir besoin de** to need; **avoir bon/mauvais goût** to taste good/bad; **avoir chaud** to be hot, warm; **avoir faim** to be hungry; **avoir froid** to be cold; **avoir le temps** to have the time; **avoir lieu** to take place; **avoir peur de** to be afraid of; **avoir raison** to be right; **avoir soif** to be thirsty; **avoir tort** to be wrong; **avoir le trac** to have stage fright

• • • B

des **bagages** *m.* luggage; **une soute à bagages** baggage hold

une **bague** ring

une **baguette** baguette, French bread

un **bain** bath; **un maillot de bain** bathing suit; **une salle de bain(s)** bathroom

baisser to lower, to turn down

un **bal** ball; dance; **le Bal de neige** Winterlude

un **baladeur** Walkman

une **baleine** whale

une **ballade** ballad

une **balle** ball; **balle de baseball** baseball; **prends la balle au bond*** jump at the opportunity

une **ballerine** ballerina

un **ballon** balloon; ball; **ballon à air chaud** hot air balloon; **ballon de volley-ball** volleyball

un **bambin** small child

banal(e) banal, trite, "blah", boring

une **bande** group; band; gang; **bande dessinée** comic book/strip; **en bande** in a group; **toute la bande** the whole crowd, everybody

un **bandeau (des bandeaux)** headband

une **barre** bar; **barre de chocolat** chocolate bar; **barres asymétriques** uneven bars

bas, basse low

basé(e) (sur) based (on)

des **baskets** *m.* sneakers

une **bataille** battle

un **bateau (des bateaux)** boat, ship; **en bateau** by boat

un **bâtiment** building

bâtir to build

un **bâton** stick; **bâton de hockey** hockey stick

un **battant, une battante** fighter

une **batterie** (set of) drums

battre to beat

beau (bel), beaux; belle, belles beautiful, pretty; handsome; nice; *La Belle et la Bête* Beauty and the Beast

beaucoup (de) a lot; much; many

la **beauté** beauty; **un produit de beauté** beauty product

un **bébé, une bébé** baby

belge Belgian

une **berceuse** lullaby

un **béret** beret, tam

un **bermuda** bermuda shorts

un **besoin** need; **avoir besoin de** to need

une **bête** beast, animal

bête dumb, silly; **ne sois pas bête!** don't be silly!

une **bêtise** foolishness; **faire des bêtises** to do something foolish

le **beurre** butter; **beurre d'arachide** peanut butter; **«beurre de pinottes»** peanut butter

une **bicyclette** bicycle; **à bicyclette** by bike; **une bicyclette de montagne** mountain bike; **faire de la bicyclette** to cycle; to go cycling

bien well; very; **bien à toi** yours truly; **bien sûr** of course

bientôt soon; **à bientôt!** see you soon!

bienvenue! welcome!

un **bijou (des bijoux)** jewel

une **bijouterie** jewellery store

un **bijoutier, une bijoutière** jeweller

un **bikini** bikini

bilingue bilingual

un **billet** ticket; **billet aller-retour** return ticket

un **biscuit** cookie

bizarre bizarre, strange, odd

une **blague** joke; **sans blague!** no kidding!

blaguer to joke, to kid

blanc, blanche white; *Blanche Neige et les Sept Nains* Snow White and the Seven Dwarfs

blanchir to shut out (sports)

le **blé** wheat; **blé entier** whole-wheat

bleu(e) blue

bloquer to block; to stop (a shot)

une **blouse** blouse

un **blouson** windbreaker, jacket

le **blues** blues

le **bœuf** beef

boire (bu) to drink

le **bois** wood

une **boisson** drink, beverage; **boisson gazeuse** soft drink

une **boîte** box; can, tin; **boîte du frappeur** batter's box

un **bol** bowl

bon, bonne good; right; **bon appétit!** enjoy your meal! **bonne chance!** good luck!; **bonne journée!** have a nice day!; **bonne nuit!** good-night!; **bonnes vacances!** have a good holiday!; **bon voyage!** have a good trip!

un **bonbon** candy

le **bonheur** goodness

un **bonhomme de neige** snowman

bonjour hello, good morning, good day

bonsoir good evening, good night

la **bonté** goodness

une **botte** boot

bouger to move; to "rock"; **ça bouge!** it really rocks!

une **boule de neige** snowball

une **boulette de viande** meatball

une **boutique** boutique, specialty store

la **boxe** boxing

branché(e)* cool, "in", "with it"

brancher to plug in; **branchez-vous!** get with it!

un **bras** arm

bravo! well done!; hurray!; congratulations!

des **bretelles** *f.* suspenders, braces

brillant(e) brilliant, clever; shining

une **brique** brick

une **brochette** kebab; skewer; **en brochette** served on a skewer

le **bronze** bronze

une **brosse** brush; **brosse à cheveux** hairbrush; **brosse à dents** toothbrush

brosser to brush

se **brosser les cheveux/les dents** to brush one's hair/teeth

un **brouillon** draft copy, first draft

un **bruit** noise

brun(e) brown

un **bulletin** bulletin; **bulletin de sport** sports news flash; **bulletin de notes** report card

un **bureau (des bureaux)** office; desk; **bureau de poste** post office; **bureau de renseignements touristiques** tourist information bureau

un **but** goal; **un gardien de but, une gardienne de but** goalie; **marquer un but** to score a goal

••• C

ça it; that; **ça bouge!** it really rocks!; **ça fait ...** that comes to ...; **ça ne fait rien** that/it doesn't matter; **ça va?** how is it going?; how are you (doing)?; **c'est ça!** that's right! **ça y est!** they're off!; they're ready!

une **cabane** cabin; **cabane à sucre†** sugar shack

un **câble** cable

cacher to hide

un **cadeau (des cadeaux)** gift, present

un **café** coffee; café, restaurant

une **caisse** cash register

un **caissier, une caissière** cashier

cajun cajun (from Louisiana)

une **calculatrice** calculator

un **calcul** calculation

calculer to calculate

un **calendrier** calendar

calmant(e) calming

calme calm; **du calme** take it easy, calm down

calorifique full of calories

un **camarade, une camarade** friend, chum, pal

la **camaraderie** friendship

une **caméra** movie camera; **caméra vidéo** video camera

un **caméraman** cameraman

un **camion** truck

une **camionnette** van

la **campagne** country(side)

un **campeur, une campeuse** camper

canadien, canadienne Canadian

un **canal (des canaux)†** TV channel

un **canot** boat; canoe†

le **canotage** boating; rowing; canoeing†; **faire du canotage** to canoe, to go canoeing

une **capacité** capacity

un **capitaine** captain

une **capitale** capital

capter to capture, to seize, to attract

captivant(e) captivating

captiver to captivate

car as, because

la **carie** tooth decay

une **carotte** carrot

un **carnaval** carnival

un **carré** square

une **carrière** carreer

un **carrousel** baggage carrousel

une **carte** map; card; **carte postale** postcard; **à la carte** on/from the menu

un **carton** carton; cardboard box

un **cas** case

une **cascade** stunt

un **cascadeur, une cascadeuse** stuntman, stuntwoman

une **case** box; **case postale** post office box

un **casier** locker

un **casque (protecteur)** (protective) helmet

une **casquette** cap

un **casse-croûte (des casse-croûte)** snack bar

cassé(e) broken

casser to break

ce (cet), cette; (ces) this, that; (these, those)

céder to give up; **céder le passage** to yield the right-of-way

une **ceinture** belt; **ceinture de sécurité** seat belt

cela that

célèbre famous, well-known

Cendrillon Cinderella

une **centaine de** about a hundred

un **centimètre** centimetre

un **centre** centre; **centre d'achats†** shopping mall; **centre commercial** shopping centre, mall; **centre de recyclage** recycling centre; **Centre des Sciences** Science Centre

le **centre-ville** downtown

cependant however

un **cercle** circle; club

des **céréales** *f.* cereal

un **cerf-volant** kite

certain(e) certain; some

certainement certainly

c'est-à-dire that is (to say); **c'est ça!** it's/that's right!; **c'est exact!** it's/that's exactly right!; **c'est faux!** it's/that's wrong!; **c'est vrai!** it's/that's right!

chacun(e) each (one); **chacun son goût!** each to his/her own taste!

une **chaîne** TV network; chain; **chaîne stéréo** stereo system

un **chalet** chalet, lodge; cottage

un **champignon** mushroom

un **champion, une championne** champion

un **championnat** championship

la **chance** luck; **avoir de la chance** to be lucky; **bonne chance!** good luck!

un **chandail** sweater

une **chandelle** fly ball; candle

un **changement** change

une **chanson** song

un **chant** song; singing

chanter to sing

un **chanteur, une chanteuse** singer

un **chapeau (des chapeaux)** hat

chaque each, every

une **charcuterie** butcher shop, meat store

charmant(e) charming, lovely

la **chasse** hunt; **la chasse au trésor** treasure hunt

un **chasseur** bellhop

un **chat** cat

un **chauffeur** driver

une **chaussette** sock

un **chausson aux fruits** fruit turnover

une **chaussure** shoe; **des chaussures de tennis** sneakers

un **chef** chef, cook; leader

un **chef-d'œuvre (des chefs-d'œuvre)** work of art

un **chemin** road; way

une **chemise** shirt

cher, chère dear; expensive

chercher to look for; to pick up, to get

chéri, chérie (my) dear, darling

un **cheval (des chevaux)** horse

des **cheveux** *m.* hair; **se brosser les cheveux** to brush one's hair; **un sèche-cheveux** hair dryer

chez with; in; at (the home/house of); **chez moi** at/to my place

chic fashionable, stylish; "cool"

un **chiffre** number, numeral

la **chimie** chemistry

chimique chemical

chinois(e) Chinese

un **choc** shock

le **chocolat** chocolate **chocolat au lait** milk chocolate; **chocolat chaud** hot chocolate; **un lait au chocolat** chocolate milk

choisi(e) chosen

choisir to choose

un **choix** choice; **l'embarras du choix** an overwhelming number of choices

une **chose** thing; **pas grand-chose** not a lot, not very much; **quelque chose** something

un **chou (des choux)** cabbage; **il est dans les choux*** he's in trouble

chouette* great, terrific

chut! shh!

une **chute** fall; **des chutes** waterfalls

une **cible** target

ci-dessous below; following

un **cinéma** movie theatre; **le ciné(ma)** movies

un **cintre** (clothes) hanger

la **circulation** traffic; **les feux de circulation** traffic lights

un **cirque** circus

clair(e) clear

claquer to slam

une **clarinette** clarinet

une **classe** class; **après la classe** after school; **première classe** first class; **classe affaires** business class; **classe touriste** tourist class, coach

classer to classify, to rank; to file; to put in order

classique classic; classical

un **clavier** keyboard

une **clé** key

un **client, une cliente** customer; client

une **clientèle** clientele, customers

un **clip, vidéoclip** music video; **clip publicitaire** advertising jingle

un **club** club; **club d'art dramatique** drama club

cocher to check (off)

un **code** code; **code postal** postal code

un **cœur** heart; **à cœur** by heart; **au cœur de** in the heart/centre of

un **coffre** trunk; **coffre-fort** safe

coiffant(e) styling

se **coiffer** to do one's hair

un **coiffeur, une coiffeuse** barber; hairdresser

une **coiffure** hairstyle

un **coin** corner; **au coin de** at the corner/intersection of

un **col** collar

un **colisée** coliseum

un **collectionneur, une collectionneuse** collector

une **colonne** column

un **combat** fight; struggle

combien (de) how much; how many; **combien de temps** how long

une **combinaison** combination

le **comble** peak; height; **ça, c'est le comble!** that's the last straw!

une **comédie** comedy

comique comic, comical, funny

un **comité** committee; **comité organisateur** organizing committee

une **commande** order (food)

commander to order (food)

comme as; like; **comme ça** (in) that way; **comme toujours** as always

commencer to begin, to start

comment how; **et comment!** and how!; that's for sure!

un **commentaire** comment, remark, opinion

un **commentateur** commentator

des **commissions** f. errands

une **communauté** community

une **compagnie** company, firm; **en compagnie de** along with

un **compagnon** companion

une **comparaison** comparison

compétent(e) competent, capable

compétitif, compétitive competitive

une **compétition** competition

un **complet** man's suit

complet, complète complete

complètement completely, totally

compléter to complete

un **compositeur, une compositrice** composer

comprendre (compris) to understand

compter to count; to score

un **comptoir** counter

un **comte** count

un **concierge, une concierge** concierge (hotel); caretaker, janitor

une **conclusion** conclusion; ending; **une conclusion-surprise** surprise ending

un **concours** contest, competition

une **condition** condition, shape, state

le **conditionnement** conditioning

un **conducteur, une conductrice** driver

la **confiture** jam

le **confort** comfort

connaître (connu) to know, to be acquainted with

un **conseil** (piece of) advice

conseiller to advise, to give advice

considérer to consider, to review

une **consigne** instruction, order; **consigne de sécurité** safety rule

un **consommateur, une consommatrice** consumer

consommer to consume, to use; to eat

construire (construit) to construct

un **conte** story

content(e) glad, happy

le **contenu** content; **contenu animal** animal/fat content

continuellement continually; continuously

continuer (à, de) to continue (to)

le **contraire** opposite; **au contraire!** on the contrary!

contre against, versus

une **contrebasse** (double) bass

le **contre-jour** backlighting

convenable suitable; appropriate

un **copain** friend

une **copie** copy; **bonne copie** good/final copy

une **copine** friend

un **cor** horn; **cor anglais** English horn

une **corde** string; **instrument à cordes** stringed instrument

cordialement cordially, sincerely

un **cordonnier** shoemaker, shoe repairer

une **cornemuse** bagpipe(s)

un **cornichon** pickle; idiot*

un **corps** body

la **correspondance** correspondence

correspondre to correspond, to write; to match; to suit

corriger to correct

un **costume** outfit; suit; costume

un **costumier, une costumière** costumer, wardrobe master/mistress

un **côté** side; **à côté de** beside

une **côte levée** sparerib

le **coton** cotton

le **cou** neck

se **coucher** to go to bed

couler to flow, to run (water)

une **couleur** colour; **couleurs vives** bright colours

un **couloir** hall(way)

un **coup: coup de circuit** home run; **coup de foudre** lightning bolt; "love at first sight"; **coup de main** a helping hand; **coup de pied** kick; **tenir le coup** to hold out, to persist; **valoir le coup** to be worth it

une **coupe** cup; **coupe glacée** ice cream sundae

couper to cut; **couper les coins** to cut corners

une **cour** (school)yard

courageux, courageuse brave, courageous

couramment fluently

courir (couru) to run

un **cours** course, class

une **course** race; **course de vélos** bicycle race

court(e) short

un **cousin, une cousine** cousin

le **coût** cost

un **couteau (des couteaux)** knife

coûter to cost; **coûter cher** to cost a lot, to be expensive

un **couturier, une couturière** (clothes) designer

couvert(e) (de) covered (with, by)

une **couverture** cover (book, magazine, etc.)

craquer to burst; **plein(e) à craquer** bursting, very crowded

une **cravate** (neck) tie

un **crayon** pencil

créateur, créatrice creative

créer to create

la **crème** cream; **crème glacée**† ice cream; **une soupe à la crème de poulet** cream of chicken soup

crémeux, crémeuse creamy

une **crêpe** large, thin pancake

une **crevette** shrimp

un **cri** shout; cheer; **le dernier cri** latest fashion

crier to shout; to cheer

un **criminel** criminal

une **crise** crisis; **crise de nerfs** nervous breakdown

une **critique** review

croire (cru) to believe

une **croisière** cruise

une **croûte** crust; **un casse-croûte** snack-bar

une **cuiller** spoon

le **cuir** leather

cuire (cuit) to cook

une **cuisine** kitchen

la **cuisine** cooking; **faire la cuisine** to cook

un **cuisinier** cook

un **cuissard** bike pants

une **cuisse** thigh; dark meat (of a chicken)

la **cuisson** cooking

les **cuivres** *m.* brass instruments

un **cure-dents** toothpick

un **cure-ongles** nail cleaner

curieux, curieuse curious

la **curiosité** curiosity

le **cyclisme** cycling

un **cycliste, une cycliste** cyclist

des **cymbales** *f.* cymbals

••• D

d'abord first; firstly; **tout d'abord** first of all

d'accord okay, sure; **être d'accord** to agree

une **dame** lady

dangereux, dangereuse dangerous

dans in, inside, into

une **danse** dance; dancing; **la musique de danse** dance music

danser to dance

un **danseur, une danseuse** dancer

d'après according to; **d'après moi/toi** in my/your opinion

un **dauphin** dolphin

de of; from; **de luxe** with "the works"; **de bonne heure** early; **de plus** more; **de retour** back (home etc.); return; **d'habitude** generally

un **débarrasseur, une débarrasseuse** busboy, busgirl

debout standing up(right)

un **début** start, beginning

un **débutant, une débutante** beginner

débuter to begin

une **décennie** decade

déchaîné(e) wild, unbridled

des **déchets** *m.* garbage, waste

déchiffrer to decipher; to figure out

décidé(e) decided, settled

décider (de) to decide (to)

une **décision** decision; **prendre une décision** to make a decision

décoller to take off

décontracté(e) relaxed; casual

le **décor** decor, background

un **décorateur, une décoratrice** set designer; decorator

décorer to decorate

se **décourager** to become discouraged

une **découverte** discovery

découvrir to discover

décrire (décrit) to describe

une **défense** defense; **l'auto-défense** self-defense; **défense de ...** it is forbidden to ...

un **défilé** parade; **défilé de mode** fashion show

un **degré** degree

déguster to taste, to sample

dehors outside

déjà already; ever

le **déjeuner** lunch; breakfast[†]; **petit déjeuner** breakfast

déjouer to deke (out)

un **délice** delight, joy

délicieux, délicieuse delicious

le **délire** delight

demain tomorrow

une **demande** request

demander to ask (for)

déménager to move

dément(e) wild, crazy

demi(e) half

démodé(e) out-of-date, out of style

démontrer to show; to demonstrate; to prove

déneiger to clear the snow; to shovel (snow)

une **dent** tooth; **un cure-dents** toothpick

dentaire dental; **la soie dentaire** dental floss

le **dentifrice** toothpaste

un **départ** departure

dépasser to pass (a car); to exceed; **dépasser les limites** to go out of bounds

une **dépense** expense, expenditure

dépenser to spend (money)

depuis since; **depuis longtemps** for a long time

déranger to bother, to annoy, to disturb

dérivé(e) derived

dernier, dernière last; former, previous; latest, most recent; **le dernier cri** latest fashion

dernièrement recently, lately

derrière behind

désagréable unpleasant

un **désastre** disaster

descendre to come down, to go down; to get off

descriptif, descriptive descriptive

désigner to designate

désirer to wish, to want (to)

un **désodorisant** deodorant

désolé(e) sorry

un **dessin** drawing; design; **un dessin animé** cartoon, animated movie

dessiner to draw, to sketch; **une bande dessinée** comic book/strip

un **détecteur de mensonges** lie detector

détester to detest, to hate

devant in front of

développé(e) developed

le **développement** development

développer to develop

devenir (devenu) to become

deviner to guess

une **devinette** riddle

une **devise** motto

devoir (dû) to have to (do something); **tu dois jouer serré** you have to be careful

un **devoir** duty; **des devoirs** homework

la **dextérité** dexterity, skill

d'habitude usually, normally

un **dialogue** dialogue, conversation

un **dictionnaire** dictionary

diète diet, sugarless

différent(e) different

difficile difficult

une **dimension** dimension; **en trois dimensions** in 3-D

diminuer to diminish, to lessen

une **dinde** turkey

le **dîner** dinner; lunch[†]

dîner to dine, to have dinner; to have lunch[†]

dingue silly

un **dinosaure** dinosaur

dire (dit) to say, to tell; **dire bonjour** to say hello; **dis donc!** hey!; say!; tell me!

direct(e) direct; **en direct** live

directement directly

un **directeur, une directrice** director; principal; manager

la **direction** management; **un rôle de direction** leadership role

une **directive** direction

diriger to lead; to direct

se **diriger** to head for

une **discothèque** discotheque

discuter (de) to discuss

une **dispute** disagreement, argument, quarrel, fight

disputé(e) played (sports)

disputer to dispute, to contest; to play (a game)

un **disquaire** record dealer

un **disque** record; **disque compact** compact disc

une **disquette** floppy disk

divertissant, divertissante entertaining, amusing

un **domaine** field, area

domestique domestic

dommage; c'est dommage! it's/that's a shame!/that's too bad!; **quel dommage!** what a shame!

donc therefore; so

donner to give

dormir to sleep

un **dossier** file

la **douane** customs

le **doublage** dubbing (films)

un **double** double, two base hit (baseball)

doubler to dub (films)

doucement softly; quietly

une **douche** shower

le **doute** doubt; **sans doute** doubtless, no doubt

un **drame** drama

un **drapeau (des drapeaux)** flag

droit(e) straight; **tout droit** straight ahead

la **droite** right, right-hand side; **à droite** on the right; **de droite** right-hand

drôle funny

la **durée** length, duration

durer to last

l'**eau** f. water; **eau minérale** mineral water; **eau plate** non-carbonated water

un **échange** exchange, trade

échanger to exchange, to trade; to switch

les **échecs** m. chess; **jouer aux échecs** to play chess

l'**éclairage** m. lighting

un **éclairagiste** lighting engineer, electrician

l'**écologie** f. ecology

écolo(gique) ecological, environmentally aware

un **écologiste, une écologiste (écolo)** ecologist

l'**écoute** f.: **un poste d'écoute** listening station

écouter to listen (to)

un **écran** screen; **à l'écran** on the screen

écrire (écrit) to write

un **édifice** building; **édifices du Parlement** Parliament Buildings; **édifices du gouvernement** government buildings

éducatif, éducative educational

un **effet** effect; **effet sonore** sound effect; **effet spécial** special effect

efficace effective; efficient

un **effort** effort, try; **faire des efforts** to make an effort, to try

également equally; also, as well, too

égaler to equal

l'**égalité** f. equality; tie (sports)

une **église** church

l'**élan** m. spirit, vigour

s'**élancer** to soar, to fly

l'**électricité** f. electricity

électrifiant(e) electrifying

électrique electric

un **élève, une élève** pupil, student

élevé(e) high, expensive

éliminer to eliminate; to drop

un **emballage** wrapping, packaging

emballé(e) wrapped, packaged

l'**embarras** m. embarrassment, confusion; **l'embarras du choix** an overwhelming number of choices

une **émission** (radio or TV) program, show; **émission d'entrevues** talk show

emmener to take someone somewhere

émouvant(e) touching, moving

empêcher to prevent, to stop

un **employé, une employée** employee

employer to use

emporter to take out (food)

en of it/them; from it/them; in; **en auto** by car; **en autobus** by (city) bus; **en autocar** by passenger coach; **en avance** early; **en avion** by plane; **en bande** in a group; **en direct** live; **en face de** across from, facing; **en fait** in fact; **en herbe** budding; **en laisse** on a leash; **en métro** by subway, on the subway; **en moyenne** on average; **en ondes** on the air; **en panne** broken (down), not working; **en plus** moreover; **en provenance de** from; **en retard** late; **en solde** on sale; **en somme** in short, to sum up; **en train** by train; **en vente** on sale; **en ville** downtown; **en voiture** by car

encore still; yet; again; more; **encore une fois** once again; **pas encore** not yet

endormant(e) boring, dull

un **endroit** place, spot, location, site

un **enfant, une enfant**, child; **c'est un jeu d'enfant** it's child's play

enfin finally, at last

ennuyeux, ennuyeuse boring

un **énoncé** sentence, statement

énorme enormous, huge

enregistrer to record, to tape

ensemble together

un **ensemble** set; outfit

ensuite then, next

entendre to hear

l' **enthousiasme** *m.* enthusiasm

entier, entière entire, whole

entouré(e) surrounded

s' **entraîner** to train

un **entraîneur** coach, trainer

entre between

une **entrée** entrance; first course (of a meal); **entrée interdite** do not enter; **entrée libre** free admission

un **entrepreneur** enterprising person

une **entreprise** company, business

entrer (dans) to enter

une **entrevue** interview

environ about, around, approximately

l' **environnement** *m.* environment

envoyer to send

une **épice** spice

épicé(e) spiced, spicy

une **épicerie** grocery store

un **épisode** episode

une **époque** time; era; **à cette époque** at that time, in those days

l' **équilibre** *m.* balance

une **équipe** team; **un sport d'équipe** team sport

l' **équipement** *m.* equipment, gear

une **erreur** error, mistake

l' **escalier** *m.* stairs

espagnol(e) Spanish

une **espèce** type, kind, species; **espèce d'andouille!*** (you) idiot!

espérer to hope

un **espion** spy

l' **espionnage** *m.*; **un film d'espionnage** spy movie

un **espoir** hope

un **esprit** spirit; **esprit d'équipe** team spirit

une **esquisse** sketch, outline

essayer to try; **essayez donc** why don't you try

essentiel, essentielle essential, necessary; **l'essentiel** the main thing

l' **est** *m.* east

et and; **et comment!** and how!; did I ever!

établir to establish; to set (a record)

un **établissement** establishment, business

un **étage** floor, storey (of a building)

un **état** state; **en bon état** in good condition; **les États-Unis** the United States

une **éternité** eternity

une **étoffe** fabric, cloth

une **étoile** star

étonnant(e) astonishing, surprising

un **étranger, une étrangère** foreigner; **à l'étranger** abroad

étranger, étrangère foreign

être (été) to be; **être au courant** to be up-to-date, aware, with it; **être d'accord** to agree; **être à l'heure** to be on time; **être en retard** to be late; **être sur scène** to act

une **étude** study

un **étudiant, une étudiante** student

étudier to study

eux them

évaluer to evaluate

un **événement** event; **événement sportif** sports event

évidemment evidently, obviously, of course

évident(e) evident, obvious

éviter to avoid

évoquer to evoke, to bring back

exactement exactly

exagérer to exaggerate

excellent(e) excellent

exceptionnel, exceptionnelle exceptional

excitant(e) exciting, thrilling

exclusif, exclusive exclusive

une **excursion** excursion, trip; **faire une excursion scolaire** to go on a school trip/outing

une **excuse** excuse; **faire des excuses** to apologize; **excusez-moi!** pardon/excuse me!; I'm sorry!

un **exemple** example; **par exemple** for example

un **exercice** exercise

s' **exercer** to practise

exiger to require

une **expérience** experience; experiment

une **explication** explanation

expliquer to explain

exploser to explode

une exposition display, exhibition, exhibit

exprimer to express

l'extase *f.* extasy; **en extase** in rapture

l'extérieur *m.* exterior; **à l'extérieur** outside; outdoors; **à l'extérieur du terrain** out of bounds

extra(ordinaire) extraordinary

extraterrestre extraterrestrial

extrêmement extremely

••• F

fabriqué(e) manufactured, made

fabriquer to produce, to manufacture

fabuleux, fabuleuse fabulous, great

une face front; **en face de** in front of, facing; across from

fâché(e) angry

facile easy

facilement easily

une facilité easiness, ease

une façon way; **de toute façon** anyway, in any case, at any rate

un facteur factor

la faim hunger; **avoir faim** to be hungry

faire (fait) to do; to make; **faire attention (à)** to pay attention (to); **faire des bêtises** to do something foolish; **faire de la bicyclette/du vélo** to go cycling; **faire du camping** to go camping; **faire du canotage** to go canoeing; **faire le clown** to fool around; **faire la cuisine** to cook; **faire des efforts** to make an effort, to try; **faire de l'équitation** to go horseback riding; **faire une excursion scolaire** to go on a school trip/outing; **faire de l'exercice** to exercise; **faire fureur** to be a big hit/success; **faire du jogging** to go jogging; **faire de son mieux** to do one's best; **faire de la motoneige** to go snowmobiling; **faire de la natation** to go swimming; **faire partie de** to be (a) part of, to be a member of; **faire du patinage** to go skating; **faire un pique-nique** to have a picnic; **faire une promenade** to take a ride/walk; **faire une randonnée à pied** to go hiking; **faire de la raquette** to go snowshoeing; **faire du ski (alpin/de fond/nautique)** to go (downhill/cross-country/water) skiing; **faire du toboggan** to go tobogganing; **faire le tour (de)** to drive/ride/walk around

un fait fact; **au fait** by the way; **en fait** in fact

familial(e) family

familier, familière familiar; **une expression familière** colloquial expression

une famille family; **en famille** with the family

fantastique fantastic, great, super

un fantôme ghost

fascinant(e) fascinating

fasciné(e) fascinated

le fast food fast food

fatigant(e) tiring

fatigué(e) tired

une faute fault; mistake, error

un fauteuil roulant wheelchair

faux, fausse false, untrue

favori, favorite favourite

félicitations! *f.* congratulations!

une femme woman; wife

une fenêtre window

le fer iron

un fer à friser curling iron

une ferme farm

fermer to close, to shut; to turn off

une fermeture éclair zipper

une fête birthday†; celebration, party; **bonne fête!** happy birthday!

fêter to celebrate

un feu (des feux) fire; **pleins feux sur** spotlight on; **feux de circulation** traffic lights

une feuille sheet (paper); leaf

un feuilleton soap opera

une fève bean

fiable reliable

une fiche sheet of paper; form; check list

fidèle faithful

une figure face

un filet net; fillet; **filet de poulet** "chicken finger"

une fille daughter; girl

un film film; movie; **film d'aventures** adventure movie; **film d'espionnage** spy movie; **film d'horreur** horror movie; **film romantique** romantic movie; **film de science-fiction** science-fiction movie; **film à suspense** suspense movie

filmer to film

un fils son

une fin end; **une fin de semaine†** weekend

les finales *f.* finals; **demi-finales** semi-finals

finalement finally

la finesse finesse; sharpness; keeness; style

le fixatif (à cheveux) hairspray

fixer to fix, to set

une flèche arrow

fluo(rescent) fluorescent

une **flûte** flute

une **foire** fair; convention

une **fois** time; **encore une fois** again, once more; **quatre fois quatre** four times four

une **folie** madness; craze, mania

folklorique folk

une **fonction** function, role

le **fond** back; **au fond** at the back; deep down; **le ski de fond** cross-country skiing

la **force** strength

une **forêt** forest

une **formalité** formality

un **format** size

la **forme** shape, form

formidable great, super, fantastic

un **formulaire** form

une **formule** formula; format, type

fort(e) strong; successful; loud; hard

une **forteresse** fortress; **forteresse de neige** snow fort

fortifier to strengthen

fou, folle crazy, wild

fouetté(e) whipped; **un lait fouetté** milkshake

un **foulard** scarf

un **four** oven; **une pomme de terre au four** baked potato

une **fourchette** fork

frais, fraîche fresh

une **fraise** strawberry

une **framboise** raspberry

franc, franche frank, candid; **jouer franc jeu** to play fair

le **français** French

français(e) French

la **France** France

francophone† Francophone, French-speaking

la **francophonie** Francophonie

frappé(e) struck

frapper to hit

un **frappeur** batter; **la boîte du frappeur** batter's box

fredonner to hum

frénétique frenzied, wild

fréquenter to go to (often)

un **frigo** fridge

un **frisson** shiver

frit(e) fried

des **frites** *f.* French fries

froid(e) cold

le **fromage** cheese

un **fruit** fruit; **une chausson aux fruits** fruit turnover

des **fruits de mer** *m.* seafood

une **fureur** furor; **faire fureur** to be all the rage, to be a big hit

le **futur** future

• • • **G**

un **gagnant, une gagnante** winner

gagnant(e) winning

gagner to earn (money); to win

une **galerie** gallery; **galerie d'art** art gallery

une **gamme** scale, range; **gamme musicale** musical scale

un **gant** glove; **gant de baseball** baseball glove; **gant de toilette** facecloth

un **garçon** boy; waiter

une **garde-robe** wardrobe

garder to look after, to babysit; to keep

un **gardien, une gardienne** guard; guardian; **gardien/gardienne de but** goalkeeper; **gardien/gardienne de piscine** lifeguard

une **gare** train/bus station

garer to park, to put away

garni(e) garnished: **tout garni** with "the works"

une **garniture** garnish, topping

un **gars** boy, lad; **hé! les gars!** hey guys!

gastronomique gastronomic, food-related

un **gâteau** cake; **gâteau Forêt Noire** Black Forest cake

(se) **gâter** to spoil (oneself)

la **gauche** left, left-hand side; **à gauche** on the left; **de gauche** left-hand

gazeux, gazeuse carbonated; **une boisson gazeuse** soft drink

géant(e) giant(-size)

gelé(e) frozen

une **gelée** jelly; **gelée (coiffante)** (hair) gel

général(e) general; **en général** in general

généralement generally

un **générateur** generator

Gênes Genoa

génial(e) fantastic, great

un **genou (des genoux)** knee

un **genre** type; kind

des **gens** *m.* people

gentil, gentille kind, nice, pleasant

un **geste** gesture, movement, action

un **gilet** vest; **gilet de sauvetage** lifejacket

la **glace** ice; ice cream

glacé(e) frozen; iced; **une coupe glacée** ice cream sundae; **la crème glacée**† ice cream

un **glaçon** ice cube

une **gomme** eraser; gum

un **gourmet** gourmet, connoisseur of fine food

un **goût** taste; **avoir bon/mauvais goût** to taste good/bad; **chacun son goût!** each to his/her own taste!

goûter to taste, to sample

le **gouvernement** government

un **goûter** snack

grâce à thanks to

un **gramme** gram

grand(e) big, large; tall; **pas grand-chose** not a lot, not very much

une **grandeur** size

grandir to grow

gras, grasse fatty, containing fat

le **gras** fat

une **gratification** bonus, tip

gratuit(e) free, without charge

grave serious; **ce n'est pas grave** it's nothing to worry about

une **grenouille** frog

gris(e) grey

gros, grosse fat; big

un **groupe** group; **en petit groupe** in a small group; **groupe musical** band

un **guichet** wicket, box office

une **guerre** war; **après-guerre** post-war

un **guide** guide; guidebook; **guide d'assemblage** assembly instructions; **guide d'entretien** owner's manual; **guide touristique** tourist guide

une **guitare** guitar

le **gumbo** gumbo (thick, spicy stew)

un **gymnase** gym(nasium)

la **gymnastique** gymnastics; **faire de la gymnastique** to do gymnastics

• • • **H**

h abbreviation for **heure; 7 h 00** seven o'clock

s' **habiller** to dress, to get dressed

habiter to live (in/at)

une **habitude** habit; **d'habitude** usually

s' **habituer (à)** to get used to

habituel, habituelle usual

habituellement usually

s' **habituer (à)** to grow accustomed to (doing something)

un **hamburger (de luxe)** hamburger (with "the works")

handicapé(e) handicapped, disabled, impaired; **un service pour handicapés** wheelchair access

hanté(e) haunted

un **haricot** string bean; **des haricots!*** no way!

le **hasard** chance, luck; **par hasard** by chance

haut(e) high; tall; **un haut talon** high-heeled shoe

hautement highly

un **hautbois** oboe

la **hauteur** height

un **havre** harbour

hé! hey!

hein? eh?

un **hélicoptère** helicopter

l' **herbe** *f.* grass; **en herbe** budding

héroïque heroic

un **héros** hero

une **heure** hour; time; o'clock; **à onze heures** at eleven o'clock; **à l'heure** on time; **de bonne heure** early; **heures d'ouverture** business hours; **heure de pointe** rush hour; **à quelle heure?** what time? **en une heure** (with)in one hour

heureusement happily, luckily, fortunately

heureux, heureuse happy

hier yesterday

une **hirondelle** swallow

une **histoire** story; **histoire d'amour** love story

l' **histoire** *f.* history

historique historic; **un site historique** historic site

l' **hiver** *m.* winter; **en hiver** in winter

un **homard** lobster

un **homme** man

honnêtement honestly

l' **honneur** *m.* honour

un **hôpital (des hôpitaux)** hospital

un **horaire** schedule, timetable

une **horloge** clock; **l'horloge de 24 heures** 24-hour clock

l' **horreur** *f.* horror; **un film d'horreur** horror movie

un **hors-d'œuvre (des hors-d'œuvre)** appetizer

un **hôte, une hôte** host

un **hôtel** hotel; building; **un hôtel de ville** town hall, city hall

une **hôtesse** hostess

hourra! hurray!

une **humeur** *f.* mood

un **hypermarché** superstore

• • • **I**

ici here

idéal(e) ideal

une **idée** idea; **bonne idée!** good idea!

identifier to identify

s' **identifier** to identify oneself, to be part of

identique identical

idiot(e) silly, crazy, idiotic

une **idole** idol, hero, heroine

une **île** island

illogique illogical

illustré(e) illustrated

une **image** image, picture; **mettre en images** to put into pictures

imaginaire imaginary
imbattable unbeatable
impatient(e) impatient
s'**impatienter** to grow impatient
un **imperméable** raincoat
impersonnel, impersonnelle impersonal
important(e) important, significant
importer to be important; **n'importe où** anywhere at all
impressionnant(e) impressive
inactif, inactive inactive
inclus(e) included
incomparable incomparable, beyond compare
inconnu(e) unknown
incroyable unbelievable
incroyablement unbelievably
un **indice** indication, sign; clue
indiquer to indicate; to signify
individuel, individuelle individual
inégalé(e) unequalled, unbeaten
influencé(e) influenced
les **informations** f. news; **un poste d'information touristique** tourist information bureau
l'**informatique** f. computer science
une **infusion** herbal tea
ingénieux, ingénieuse ingenious, clever
un **ingrédient** ingredient
innovateur, innovatrice innovative
l'**innu** m. Innuit (language)
inoubliable unforgettable
une **inscription** registration
un **inspecteur, une inspectrice** inspector
une **installation** facility
installé(e) installed, set up; seated
installer to set up; **s'installer** to set oneself up; to sit down
un **instrument** instrument; **instrument à bois** woodwind instrument; **instrument à cordes** string instrument; **instrument à cuivre** brass instrument; **instrument de musique** musical instrument; **instrument à percussion** percussion instrument; **instrument à vent** wind instrument
l'**intelligence** f. intelligence
interdit(e) forbidden, prohibited
intéressant(e) interesting
intéressé(e) (à) interested (in)
intéresser to interest; to be of interest
l'**intérêt** m. interest
l'**intérieur** m. interior; **à l'intérieur de** inside
international(e) (internationaux) international
interpréter to interpret; to sing

une **interview** interview
interviewer to interview
intime intimate
l'**intrigue** f. plot
inutile useless
un **inventaire** inventory
inventer to invent
un **inventeur, une inventrice** inventor
l'**invisibilité** f. invisibility
invité(e) invited
inviter to invite
irrégulier, irrégulière irregular
irritant(e) irritating
irrité(e) irritated, annoyed
italien, italienne Italian
un **itinéraire** itinerary, (travel) schedule

jamais ever; **ne ... jamais** never, not ever
le **jambalaya** jambalaya (cajun stew)
une **jambe** leg
le **jambon** ham
le **japonais** Japanese
un **jardin** garden; **jardin botanique** botanical garden; **jardin zoologique** zoo
le **jardinage** gardening
des **jeans** m. (pair of) jeans
jeter to throw; to throw out
un **jeu (des jeux)** game; game show; **jeu d'adresse** game of skill; **jeu d'équipe** team game; **jeu vidéo** video game; **une salle de jeux vidéo** video arcade; **les jeux sont faits** "the die is cast"; **c'est vieux jeu** it's old hat; **c'est un jeu d'enfant** it's child's play; **jouer franc jeu** to play fair; **les Jeux olympiques** Olympic games; **les Jeux paralympiques** Paralympic games; **un terrain de jeu** playing field
un **jeune, une jeune** young person, teenager
la **jeunesse** youth
un **jogging** sweatsuit, tracksuit
le **jogging** jogging; **faire du jogging** to jog, to go jogging; **un pantalon de jogging** sweatpants
la **joie** joy, happiness
joli(e) pretty
jouer to play; **jouer à** to play (a sport/game); **jouer de** to play (a musical instrument); **jouer un rôle** to play a role/part; **ne joue pas gros jeu** don't take any chances; **tu dois jouer serré** you have to be careful; **la partie est jouée** the game is over
un **jouet** toy

un **joueur, une joueuse** player

un **joujou** toy

un **jour** day; **le contre-jour** backlighting

un **journal (des journaux)** newspaper; diary
journalier, journalière daily

une **journée** day; **une journée de congé** day off;
holiday; **bonne journée!** have a nice day!

une **jupe** skirt; **une maxijupe** long skirt; **une minijupe**
short skirt

le **jus** juice; **jus de fruits** fruit juice; **jus d'orange**
orange juice; **jus de légumes** vegetable juice

jusque: jusqu'à until; **jusqu'à présent** until now

juste just, exactly; correct

justement exactly

• • • K

un **kilo(gramme)** kilogram

un **kilomètre** kilometre

un **kiosque** kiosk, newsstand; booth

• • • L

là there; **là-bas** over there

un **labo(ratoire)** lab(oratory)

un **lac** lake

laid(e) ugly

la **laine** wool

une **laisse** leash; **en laisse** on a leash

laisser to let, to allow; to leave (behind)

le **lait** milk; **lait au chocolat** chocolate milk; **lait
fouetté/frappé** milkshake; **lait nature** (plain)
milk

la **laitue** lettuce

le **lancement** launching

lancer to throw; to launch; to pitch

le **lancer** throw(ing), toss

un **lanceur** pitcher

un **langage** language

une **langue** language; tongue

un **lapin** rabbit

large wide, broad

la **lasagne** lasagna

le **latin** Latin

latino-américain(e) Latin-American

les **Laurentides** *f.* Laurentian Mountains

un **lavabo** sink

laver to wash; **se laver** to wash oneself

une **leçon** lesson

un **lecteur, une lectrice** reader

la **lecture** reading

une **légende** legend; caption

léger, légère light(weight)

une **légèreté** lightness

un **légume** vegetable; **une légume: c'est une grosse
légume!*** he/she is a big wheel!

lent(e) slow

une **lettre** letter

leur to them

leur, leurs their

se **lever** to get up

une **lèvre** lip

une **librairie** bookstore

libre free; **le libre-service** self-serve; **le temps libre**
free time

un **lieu** place, spot; **lieu de rencontre** meeting place;
au lieu de instead of; **avoir lieu** to take place, to
happen

une **ligne** line

une **ligue** league; **la Ligue Nationale de Hockey**
National Hockey League

une **lime à ongles** nail file

limité(e) limited

la **limonade** lemonade

lire (lu) to read

une **liste** list

un **lit** bed; **aller au lit** to go to bed

un **litre** litre

littéraire literary

la **livraison** delivery; **un service de livraison**
delivery service

un **livre** book; **un livre de poche** paperback

livrer to deliver

local (locaux), locale local

la **location** renting; rental

logique logical

loin (de) far (from)

long, longue long

longtemps (for) a long time

la **longueur** length

une **lotion** lotion; **lotion pour la peau** skin cream

louer to rent

une **luge** sled; luge

lui to him; to her; **lui-même** himself

une **lumière** light

la **lune** moon

des **lunettes** *f.* (eye)glasses; **lunettes de soleil**
sunglasses

la **lutte** wrestling

un **lycée** secondary school (in France)

madame Mrs.

un **maestro** maestro, orchestra leader

un **magasin** store; **magasin de disques** record store

le **magasinage**† shopping

magasiner† to shop, to go shopping

un **magazine** magazine

magique magic

un **magnétocassette** cassette player

un **magnétophone** tape recorder

un **magnétoscope** videocassette recorder (VCR)

un **maillot** shirt, top; **maillot de football** football shirt, jersey; **maillot de bain** swimsuit

une **main** hand; **un coup de main** a helping hand

maintenant now

maintenir to maintain

un **maire** mayor

mais but

le **maïs** corn; **maïs soufflé** popcorn

une **maison** house; **à la maison** (at) home; **une salade maison** house salad

une **majorité** majority

mal bad; badly; **pas mal** not bad

le **mal de mer** seasickness

malade ill, sick

une **maladie** sickness, illness

malheureusement unfortunately

malheureux, malheureuse unhappy

une **maman** mom, mother

une **manche** sleeve

manger to eat

un **mannequin** fashion model

manquer to miss; **à ne pas manquer** not to be missed

un **manteau (des manteaux)** (over)coat

un **manuel** book, manual; **manuel scolaire** textbook

une **maquette** sketch; **un scénario-maquette** storyboard

le **maquillage** make-up

se **maquiller** to put on make-up

un **maquilleur, une maquilleuse** make-up artist

un **marchand** merchant

marchander to bargain

un **marché** market

une **marche à pied** stroll, walk

marcher to walk; to function, to work

un **mariage** marriage

marier to marry

marin(e) marine; **bleu marin** navy blue; **sous-marin** submarine

une **marque** make, brand; mark

marquer to score; to indicate, to record; **marquer un but/un point** to score a goal/point

un **Martien, une Martienne** Martian

un **match** (sports) game; **match nul** tie (game)

les **mathématiques** *f.* mathematics; **les maths** math

une **matière** matter; school subject

un **matin** morning

mauvais(e) bad; incorrect

la **Mecque** Mecca

une **médaille** medal; **médaille d'argent/de bronze/d'or** silver/bronze/gold medal

un **médecin** doctor

meilleur(e) better; best; **le meilleur, la meilleure** the best (one)

un **mélange** mixture, mix

mélanger to mix

une **mélodie** melody

mélodieux, mélodieuse melodious

un **membre** member; **être membre d'un cercle/club/équipe** to be a member of a group/club/team

même even; same; **moi-même** myself; **quand même** at any rate, regardless; still

une **mémoire** memory

mémoriser to memorize, to learn by heart

une **menace** threat

le **ménage** housekeeping, housework

un **mensonge** lie; **un détecteur de mensonges** lie detector

mentionner to mention

une **mer** sea; **le mal de mer** seasickness; **les fruits de mer** seafood

une **mère** mother

mérité(e) merited, deserved

mériter to be worthy of, to deserve

une **merveille** marvel

merveilleux, merveilleuse fantastic, marvelous

un **message** message; **message publicitaire** advertisement

mesurer to measure, to assess, to rate

un **mets** dish

le **métal** metal

la **météo(rologie)** weather

un **métier** job, occupation, trade

un **mètre** metre

le **métro** subway; **en métro** by subway, on the subway

un **metteur en scène** movie director

mettre (mis) to put, to place; to put on; to turn on; **mettre en images** to put into pictures

mexicain(e) Mexican

le **Mexique** Mexico

un **micro(phone)** microphone
une **microfiche** microfiche
midi noon
mieux better; best; **le mieux** the best; **le mieux-être** greater welfare
mignon, mignonne cute
mil one thousand
un **milieu** setting, environment
le **milieu** middle; **au milieu** in the middle/centre
mille one thousand
un **millefeuille** vanilla or cream pastry
un **millier de** about a thousand
minable* rotten, awful, pathetic
une **mine** mine
mince thin
minéral(e) mineral; **l'eau minérale** mineral water
un **minou** pussycat
minuit midnight
un **miroir** mirror
des **mocassins** *m.* moccasins, loafers
moche* rotten, crummy; ugly
la **mode** style; fashion; **à la mode** in style, in fashion; **un défilé de mode** fashion show
un **mode** mode, way; **mode d'emploi** directions for use
moi me; **moi-même** myself
moins less; **moins ... que** not as ... as, less ... than; **le/la moins** the least; **moins de** less/fewer than
un **mois** month
la **moitié** half; **à moitié prix** half price
un **moment** moment, time; **en ce moment** right now
mon, ma, mes my
le **monde** world; **tout le monde** everyone, everybody
mondial(e) world; **Sono Mondiale** World Beat
un **moniteur, une monitrice** instructor; (camp) counsellor
la **monnaie** change (money); **une pièce de monnaie** coin
monsieur mister, sir
un **monstre** monster
un **mont** mountain, mount
le **montagnais** Montagnais (language)
une **montagne** mountain; **montagnes russes** roller coaster
monter to come up, to go up, to climb
une **montre** (wrist)watch
montrer to show
un **monument** monument
le **moral** morale; (mental) spirits
un **morceau (des morceaux)** piece, slice
un **mot** word; **des mots croisés** crossword puzzle
un **moteur** motor

une **moto(cyclette)** motorbike
une **motoneige** snowmobile; **faire de la motoneige** to snowmobile, to go snowmobiling
une **mouche** fly
la **mousse coiffante** hair mousse
la **moutarde** mustard
un **mouton** sheep
moyen(ne) average; medium
un **moyen** means; **un moyen de transport** means of transportation
la **moyenne** average; **en moyenne** on average
muet, muette silent
municipal (municipaux), municipale municipal, city
un **mur** wall
un **musée** museum; **musée des beaux-arts** fine arts museum
musical (musicaux), musicale musical; **la gamme musicale** musical scale
musicalement musically
un **musicien, une musicienne** musician
la **musique** music; **musique d'ambiance** mood music; **musique classique** classical music; **musique country et western** country and western music; **musique de danse** dance music; **musique rétro** musical "oldies"; **musique soul** soul music
un **mystère** mystery
mystérieux, mystérieuse mysterious

••• N

la **nage** swimming
nager to swim
un **nageur, une nageuse** swimmer
natif, native native
un **naturaliste, une naturaliste** naturalist, nature lover
nature plain; **un lait nature** (white) milk
naturel, naturelle natural
naturellement naturally, of course
un **navet** very bad movie; turnip
ne; n'est-ce pas? isn't that so? don't you think?
ne ... jamais never, not ever; **ne ... pas**; not; **ne ... plus** no longer, no more; **ne ... rien** nothing
nécessaire necessary; **si nécessaire** if necessary, if needed
la **neige** snow; *Blanche Neige et les Sept Nains* Snow White and the Seven Dwarfs; **un bonhomme de neige** snowman; **une boule de neige** snowball; **la planche à neige** snowboarding

un **nerf** nerve; **une crise de nerfs** nervous breakdown
nerveux, nerveuse nervous
le **nettoyage** cleaning; **nettoyage à sec** dry cleaning
nettoyer to clean
neuf, neuve new
un **nez** nose
n'importe quoi anything (at all)
un **niveau** level
Noël Christmas
un **nom** name; noun; **nom de famille** surname, last name
un **nombre** number
nombreux, nombreuse numerous
nommer to name
non no; not; **non plus** neither; **non seulement** not only
le **nord** north
une **note** note; mark
noter to note, to make note of
notre; nos our
nôtre ours
une **nouille** idiot*; noodle; **une soupe au poulet et nouilles** chicken noodle soup
nourrir to feed
nourrissant(e) nourishing, nutritious
la **nourriture** food
nouveau (nouvel), nouveaux, nouvelle, nouvelles new; **la musique Nouvel Âge** New Age music
une **nouveauté** novelty; something new
une **nouvelle** (piece of) news; **les nouvelles** the news
une **nuit** night; **bonne nuit** goodnight
un **numéro** number
nutritif, nutritive nutritious

••• O

un **objet** object; **objet d'art** work of art
observer to observe, to view
une **occasion** occasion; opportunity
occupé(e) busy; **être occupé à** to be busy (doing something)
s'**occuper** to occupy oneself; to keep busy; **occupe-toi de tes oignons!*** mind your own business!
un **œil (des yeux)** eye
une **œuvre** work; **à l'œuvre** at work, on the job; **un chef-d'œuvre** work of art; **un hors-d'œuvre** appetizer
un **œuf** egg
offert(e) offered
un **office** board
officiel(le) official

une **offre** offer
offrir (offert) to offer
un **oignon** onion; **occupe-toi de tes oignons!*** mind your own business!; **une rondelle d'oignon** onion ring; **une soupe à l'oignon** onion soup
un **oiseau (des oiseaux)** bird; **une réserve d'oiseaux** bird sanctuary
olympique olympic; **les Jeux olympiques** Olympic Games
on we; they; one; people; **on y va!** away we go!
un **oncle** uncle
une **onde** wave; **en ondes** on the air
un **ongle** (finger) nail; **un cure-ongles** nail cleaner; **une lime à ongles** nail file
l'**or** *m.* gold
une **orange** orange; **un jus d'orange** orange juice
un **orchestre** orchestra; band
ordinaire ordinary; regular; plain; manual
un **ordinateur** computer
ordonner to order, to prescribe
un **ordre** order
des **ordures** *f.* garbage
une **oreille** ear
organisé(e) organized
organiser to organize, to prepare
l'**Orient** *m.* the Orient
une **origine** origin; **un pays d'origine** country of origin
l'**orthographe** *f.* spelling
osé(e) daring
oser to dare; **oseriez-vous?** would you dare?
l'**osier** *m.* wicker; **un panier d'osier** wicker basket
ou or
où where
oublier (de) to forget (to do something)
l'**ouïe** *f.* hearing
un **outil** tool
ouvert(e) open; open-minded
une **ouverture** opening; **les heures d'ouverture** business hours
ouvrir (ouvert) to open

••• P

une **paille** straw
le **pain** bread; **pain blanc** white bread; **pain à blé entier** whole-wheat bread; **pain brun** brown bread; **pain de seigle** rye bread; **un petit pain** bun, roll
une **paire** pair
un **palais** palace; palate
le **palmarès** hit parade

un **panier** basket

un **panneau** sign(post); **panneau routier** road sign

un **pantalon** (pair of) pants, trousers

une **pantoufle** slipper

un **papa** dad, father

le **papier** paper

des **papilles** *f.* taste buds

un **papillon** butterfly

un **paquet** package

par by; per; through; **par exemple** for example; **par la fenêtre** out the window

un **paradis** paradise

un **parapluie** umbrella

parascolaire extra-curricular

un **parasol** parasol, (beach) umbrella

un **parc** park; **parc d'attractions** amusement park

parce que because

pardon! pardon/excuse me!; I'm sorry!

parfait(e) perfect

le **parfum** perfume; flavour

parisien, parisienne Parisian, of/from Paris

un **parking** parking lot

parler to speak, to talk; to say; **tu parles!** nonsense! you must be kidding!; you're telling me!

parmi among

une **parole** word; **à toi la parole!** it's your turn to speak!

partager to share

un **partenaire, une partenaire** partner

participer (à) to participate (in)

particulier, particulière particular, special, certain

une **partie** part; **abandonnons la partie!** let's give up (the fight)!; **c'est partie remise** it has been put off until later; "rain check"; **faire partie de** to be (a) part of; to be a member of; **faire partie d'une équipe** to be/play on a team; **la partie est jouée** the game is over

partir to leave; **partir en voyage** to go on a trip

partout everywhere

passable passable, mediocre

un **passage** passage; **céder le passage** to yield the right-of-way; **passage pour piétons** crosswalk

une **passe** assist (hockey)

le **passé** past

passé(e) past

un **passeport** passport

un **passe-temps** pastime; hobby

passer to spend (time); **passer derrière** to walk behind; **passer une commande** to place an order

la **passion** passion, excitement

passionnant(e) exciting, fascinating

passionnément passionately

un **passionné, une passionnée** fan; fanatic

une **pâte** paste; dough; **des pâtes** pasta

patient(e) patient

un **patin** skate

le **patinage** skating; **patinage artistique** figure skating; **faire du patinage** to skate, to go skating

patiner to skate

une **patinoire** (skating) rink

un **patron, une patronne** boss; owner

pauvre poor, unfortunate

un **pavillon** pavilion

payer to pay (for)

un **pays** country; **pays d'origine** country of origin

la **peau** skin

un **peigne** comb

se **peigner** to comb one's hair

un **peignoir** nightgown, dressing gown

la **peine** sadness

la **peinture** painting; art

des **pellicules** *f.* dandruff

une **pelouse** lawn; **tondre la pelouse** to mow the lawn

une **pénalité** penalty; foul

pendant during

pénible bothersome, tiresome, annoying

penser to think

perdre to lose

un **père** father

une **performance** performance; **performance féminine** performance by an actress; **performance masculine** performance by an actor

permettre (permis) to permit

persister à to persist, to stick to

un **personnage** character; **personnage célèbre** celebrity

une **personne** person

le **personnel** personnel, staff

personnel, personnelle personal

persuasif, persuasive persuasive

petit(e) small; short

peu little; slightly; few; seldom; **un peu** a little; **peu de** few

la **peur** fear; **avoir peur de** to be afraid of

peut-être perhaps, maybe

une **pharmacie** drug store, pharmacy

la **philosophie** philosophy

une **photo(graphie)** photo(graph); photography

un **photographe, une photographe** photographer

une **phrase** sentence

une **pièce** play; **pièce de théâtre** theatrical play

un **pied** foot; **à pied** on foot; **à vos pieds** at your feet; **un coup de pied** kick

un **piéton, une piétonne** pedestrian

le **pinacle** pinnacle, top

un **pique-nique** picnic; **faire un pique-nique** to have a picnic

une **piscine** swimming pool

une **place** place; seat; spot; **sur place** on the spot

une **plage** beach

plaisanter to joke; **tu plaisantes!** you're joking!, you must be kidding!

des **plaines** *f.* plains, flatlands

un **plaisir** pleasure, enjoyment

un **plan** (city) map; **plan éloigné** long shot; **gros plan** close-up shot; **plan moyen** medium shot

une **planche** plank, board; **planche à neige** snowboard

un **plancher** floor

planifier to plan

une **plante** plant

planter to plant; to set up

un **plat** dish; **plat principal** main course

plat(e) dull, boring, uninteresting

le **platine** platinum

plein(e) full; **plein(e) à craquer** very crowded, bursting; **de plein air** outdoor; **en plein air** outdoors; **pleins feux sur** spotlight on

un **plongeur, une plongeuse** dishwasher

la **pluie** rain

la **plupart** majority, most

plus more; **de plus** more; **en plus** moreover; **plus encore** even more; **plus ... que** more ... than; **plus ... que jamais** more ... than ever; **le plus** the most

plusieurs many; several

plutôt instead; rather

une **pochette** (CD/album) cover; pocket

le **poids** weight

un **point** point; **marquer un point** to score a point; **point de vue** point of view

le **poison** poison

un **poisson** fish

la **poitrine** breast; white meat (of a chicken)

un **poivron** (bell) pepper

un **policier** detective show/movie; policeman

la **politesse** politeness

la **politique** politics

un **polo** sports shirt

une **pomme** apple; **pomme de terre** potato; **pomme de terre au four** baked potato; **une tarte aux pommes** apple pie

populaire popular

la **popularité** popularity

le **porc** pork

une **porte** door

porter to wear; to carry

une **portion** portion; serving

poser to pose, to ask (a question)

une **possibilité** possibility

un **poste** position, office; station; job; **poste d'écoute** listening station; **poste d'essence** gas station; **poste d'information touristique** tourist information bureau; **poste de police** police station

la **poste** post office; mail

un **pot pourri (de)** mixture

le **poulet** chicken; **un filet de poulet** "chicken finger"; **poulet frit** fried chicken; **poulet rôti** roast chicken

pour for; **pour cent** percent

un **pourboire** tip, gratuity

un **pourcentage** percentage

pourquoi why

la **poutine†** poutine (fries with melted cheese and gravy)

pouvoir (pu) to be able to; **je ne peux pas** I can't

le **pouvoir** power

la **pratique** practice

pratiquer to practise; **pratiquer un sport** to play a sport

précéder to precede, to come before

précis(e) precise, exact

précisément precisely, exactly

préciser to specify

préféré(e) favourite

préférer to prefer

premier, première first

premièrement firstly

prendre to make; to take; to have (food); **prends la balle au bond*** jump at the opportunity; **prendre un goûter** to have a snack; **prendre une décision** to decide, to make a decision

un **prénom** first name

un **préparatif** preparation

se **préparer** to get ready

une **préposition** preposition

près (de) near (to); **de plus près** nearer, more closely

présentement at present, presently

présenter to present; to introduce; **se présenter** to introduce oneself

un **président, une présidente** president

presque almost, nearly

pressé(e) in a hurry

la **presse** press; **dans la presse** in the newspapers

prêt(e) ready

prêter to lend

une **princesse** princess

principal (principaux), principale principal; main

une **priorité** priority

une **prise** strike (baseball); take (movies); **une prise électrique** electrical outlet, plug

un **prix** price; prize, award; **à moitié prix** half price; **prix de vente** sale price

probablement probably

un **problème** problem

prochain(e) next; **la prochaine fois** the next time; **la semaine prochaine** next week

proche near

un **producteur** producer

un **produit** product; **produit de beauté** beauty product; **produit laitier** dairy product

un **professeur** teacher

professionnel(le) professional

profiter de to take advantage of

profondément deeply

un **programmeur, une programmeuse** (computer) programmer

un **projet** project; plan; **projets d'été** summer plans

projeter to project

une **prolongation** extension; **en prolongation** in over-time

une **promenade** walk; ride; trip; **faire une promenade** to take a walk/ride; **promenade en traîneau** sleigh ride

se **promener** to take a walk

une **promesse** promise

prononcer to pronounce

propre clean; own

la **propreté** cleanliness

un **propriétaire, une propriétaire** owner

prospérer to prosper

protecteur, protectrice protective; **un casque protecteur** helmet

protéger to protect

une **provenance** origin; **en provenance de** from

des **provisions** f. (food) supplies

la **proximité** location

prudent(e) prudent, careful

publicitaire advertising; **une annonce/un message publicitaire** advertisement, commercial; **un clip publicitaire** advertising jingle; **un slogan publicitaire** advertising slogan

la **publicité** advertising, publicity; **une agence de publicité** advertising agency

publié(e) published

puis then, so

puis-je vous aider? may I help you?

puissant(e) powerful

un **pupitre** (school) desk

pur(e) pure

la **pureté** purity

• • • Q

un **quai** wharf, quay, pier

la **qualité** quality

quand when; **quand même** at any rate; still; regardless

une **quantité** quantity

un **quart (de)** quarter

un **quartier** neighbourhood, ward, district

que that; what

le **Québec** Quebec; **au Québec** in Quebec

québécois(e) of/from Quebec

un **Québécois, une Québécoise** Quebecker

quel(s); quelle(s) which; what (a)

quelqu'un someone, somebody

quelques some; a few

quelque chose something; **quelque chose de spécial** something special

quelquefois sometimes

qu'est-ce que what; **qu'est-ce que c'est?** what is it? what's that?

qu'est-ce qui what; **qu'est-ce qui est arrivé?** what happened?

une **question** question; **pas question!** no way!

une **queue** line-up; **faire la queue** to stand in line, to line up

qui who; whom; **qui est-ce?** who is it?

un **quintette** quintet

quitter to leave

quoi what; **quoi de neuf?** what's new? **n'importe quoi** anything at all

quotidien, quotidienne daily

• • • R

un **rabais** discount; **10% de rabais** 10% off

raconter to tell; to describe; to relate

un **radis** radish; **je n'ai pas un radis** I don't have a penny to my name

raffoler (de) to be crazy about

rafraîchissant(e) refreshing

le **raï** rai music (from Senegal, Africa)

la **raison** reason; **avoir raison** to be right

raisonnable reasonable

rajeunir to rejuvenate; to become younger

ramasser to collect, to gather, to pick up

une **rame** train (subway)

une **randonnée** hike; **randonnée pédestre** hike; **faire une randonnée à pied** to hike, to go hiking

un **rang** row, line; rank

une **rangée** row

ranger to tidy (up), to put in order

le **rap** rap music

rapide rapid, speedy, fast, quick; **la restauration rapide** fast food

rapidement rapidly, quickly

la **rapidité** speed, quickness

rappeler to call back; to remind

un **rapport** report; relationship; **rapport qualité/prix** value for the money

une **raquette** racquet; snowshoe; **faire de la raquette** to snowshoe, to go snowshoeing; **raquette de tennis** tennis racquet

rarement rarely, seldom

se **raser** to shave (oneself)

rater to miss

ratisser to rake (leaves)

réaliser to produce; to realize

réaliste realistic

récent(e) recent

une **réception** reception, front desk (hotel)

une **recette** recipe

recevoir (reçu) to receive; to welcome

des **recherches** *f.* research

récolter to harvest, to gather

recommander to recommend

recommencer to begin/start again

un **record** record

le **recyclage** recycling; **un centre de recyclage** recycling centre

un **rédacteur, une rédactrice** editor

redécorer to redecorate

rédiger to write, to compose

réel, réelle real

refléter to reflect

regarder to watch, to look at; **regarder par la fenêtre** to look out the window

le **reggae** reggae music

une **région** region, area

un **registre** register

une **règle** rule; ruler

regretter to regret, to be sorry

régulier, régulière regular

relax casual

relaxant(e) relaxing

relier to join, to link, to connect

relire to re-read

remarquer to notice

un **remerciement** thank you, thanks

remercier to thank

remonter to go back up

remplacer to replace

remplir to fill; to fill out, to complete

remporter to win (a victory, championship, medal)

(se) **rencontrer** to meet (each other)

un **rendez-vous** date; meeting, appointment; **prendre rendez-vous** to make an appointment

des **renseignements** *m.* information; **renseignements touristiques** tourist information

se **renseigner** to ask for information

la **rentrée** start of the new school year; return (trip)

rentrer to come back/home, to go back/home; **rentrer dans** to run into, to crash into

une **réparation** repair

réparer to repair

un **repas** meal

répéter to repeat; to rehearse

répondre (à) to answer, to respond (to)

une **réponse** answer

un **reportage** report; reporting

reporter to report; to postpone

le **repos** rest

se **reposer** to rest (oneself)

repousser to grow back

une **réserve** reservation; **réserve d'oiseaux** bird sanctuary

réservé(e) à reserved for

des **responsabilités** *f.* responsibilities

ressembler to resemble, to look like

une **ressource** resource

un **restaurant** restaurant

la **restauration rapide** fast food

le **reste** rest, remainder

rester to stay; to remain; **rester à la maison** to stay home

un **résultat** result

un **résumé** summary

le **retard** tardiness; **en retard** late

le **retour** return (journey); **de retour** back (home)

retourner to return, to go back

rétro old-fashioned, from an earlier period

une **réunion** meeting

réussir to succeed

un **rêve** dream

(se) **réveiller** to wake up (oneself)

révéler to reveal

rêver to dream

le **revitalisant** hair conditioner

revitalisant(e) revitalizing

revoir to see again; **au revoir** goodbye

une **revue** show, review; magazine; **en revue** in review

un **rez-de-chaussée** first floor of a building

ridicule ridiculous

rien nothing; **ne ... rien** nothing

un **rince-bouche** mouth wash

rire (ri) to laugh

un **risque** risk

une **rivière** river **la rivière des Outaouais** Ottawa River

le **riz** rice

une **robe** dress

un **robinet** tap

robuste robust, strong, heavy

le **rock** rock music

un **roi** king

un **rôle** role, part; **rôle de direction** leadership role

romantique romantic; **un film romantique** romantic movie

rond(e) round

une **rondelle** hockey puck; **rondelle d'oignon** onion ring

le **rosbif** roast beef

rôti(e) roast

rouler to go, to travel (vehicle)

une **route** road, highway; **bonne route!** have a nice trip!

routier, routière road; **un panneau routier** road sign

une **rubrique** heading; section (of a newspaper); column

une **rue** street, road

russe Russian

un **rythme** rhythm, beat

rythmique rhythmical

● ● ● **S**

un **sac** bag; **sac à dos** knapsack, backpack; **sac de couchage** sleeping bag

saint(e) saint

saisir to seize, to grab, to hold onto

une **saison** season

une **salade** salad; **quelle salade!** what a mess!

sale dirty

salé(e) salted, salty

une **salle** room; **salle à manger** dining room; **salle de bain(s)** bathroom; **salle de cinéma** theatre; **salle de classe** classroom; **salle de spectacle** theatre, cinema; **salle de jeux vidéo** video arcade

un **salon** living room

une **salopette** (pair of) overalls

salut! hi!; 'bye!

une **sandale** sandal

sans without; **sans blague** no kidding; **sans doute** doubtless, no doubt

la **santé** health

satisfaire (satisfait) to satisfy

la **sauce** sauce; gravy; **sauce barbecue** barbecue sauce; **sauce piquante** salsa

une **saucisse** sausage

le **saumon** salmon

le **saut** jumping; jump

sauter to jump, to jump over; to skip

une **sauterelle** grasshopper

sauver to save

la **saveur** taste

savoir (su) to know (how); **le savoir-faire** know-how; **saviez-vous que?** did you know that?

le **savon** soap

une **savonnette** bar of soap

savoureux, savoureuse tasty, flavourful

un **scénario** (video) script; **un scénario-maquette** storyboard

un **scénariste, une scénariste** scriptwriter

une **scène** scene; **un metteur en scène** (movie) director

les **sciences** f. science; **un Centre des Sciences** Science Centre; **un film de science-fiction** science-fiction movie

scientifique scientific

un **scientifique, une scientifique** scientist

scolaire school

un **score** score

une **sculpture** sculpture; **sculpture sur glace** ice sculpture

sec, sèche dry; **le nettoyage à sec** dry cleaning

un **sèche-cheveux** hairdryer

secondaire secondary

secret, secrète secret

la **sécurité** security; safety; **une ceinture de sécurité** seat belt; **une consigne de sécurité** safety rule

le **seigle** rye; **le pain de seigle** rye bread

le **sel** salt

une **sélection** selection, choice

selon according to

une **semaine** week

semblable similar

sembler to seem, to appear

semer to sow

un **sens** sense

sensass sensational

une **sensation** thrill

sensationnel, sensationnelle sensational, great

un sentiment emotion

(se) séparer to separate

une séquence sequence, order

une série series; la série mondiale World Series

sérieux, sérieuse serious

un serpent snake

serré(e) close

un serveur, une serveuse waiter, waitress

servi(e) served

le service service; department; libre-service self-serve; service de publicité advertising department; à votre service at your service; service-valet pour stationnement valet parking

une serviette towel; napkin

servir to serve

seul(e) alone; only; single

seulement only

sévère hard, tough

le shampooing shampoo

un short (pair of) shorts

si if; so; yes (in answer to a negative question or statement)

un siècle century

signaler to signal, to indicate, to point out

un signe sign, symbol

une signification meaning

signifier to mean, to signify

un silence silence, quiet; silence, on tourne! quiet on the set!

similaire similar

un simple single, one base hit (baseball)

un site site; spot; un site historique historic site

situé(e) situated, located

le ski skiing; ski alpin downhill skiing; ski de fond cross-country skiing; ski nautique water skiing; ski de randonnée cross-country skiing

le slalom slalom/downhill skiing

un slogan slogan; slogan publicitaire advertising slogan

la soie silk; soie dentaire dental floss

la soif thirst; avoir soif to be thirsty

soigner to look after

des soins m. care, treatment; des soins personnels personal hygiene

un soir evening; ce soir tonight; le soir in the evening

une soirée party; evening, night; la Soirée du Hockey Hockey Night in Canada

sois, soyez be

un solde sale; en solde on sale

le soleil sun

une somme total; en somme in total

le sommeil sleep

un sommet summit, top

son, sa, ses his; her

un son sound

un sondage opinion poll, survey

sonner to ring

une sorte type; kind

une sortie outing; exit

sortir to go out; to take out; sortir en bande to go out with a group

une soucoupe volante flying saucer

un souffle breath

un soulier shoe; des souliers de tennis sneakers

souligner to underline, to stress, to highlight

soumettre (soumis) to submit, to hand in

la soupe soup; soupe à la crème de poulet cream of chicken soup; soupe à l'oignon onion soup; soupe au poulet et nouilles chicken noodle soup

le souper† dinner, supper

la souplesse flexibility

une source source; spring

souriant(e) smiling

sourire to smile

sous under(neath)

un sous-marin submarine; un sandwich sous-marin submarine sandwich

un sous-sol basement

un sous-titre subtitle

un sous-vêtement underwear

une soute hold; une soute à bagages baggage hold

un souvenir souvenir; memory

se souvenir de to remember

souvent often

une spécialité specialty

un spectacle show, performance; une salle de spectacle theatre, cinema

spectaculaire spectacular

un spectateur spectator

un sportif, une sportive athletic person

sportif, sportive sports; athletic

un stade stadium

un stage training course, training period

une star star (male or female)

une station station; station de radio/télévision radio/television station; station de métro subway station; station-service service station; station de taxis taxicab stand

le stationnement parking

s.t.p. (s'il te plaît) please

une stratégie strategy

strict(e) strict

stupide stupid
un **stylo** pen
un **substitut** substitute
un **succès** success, hit; **succès fou** runaway success, big hit
le **sucre** sugar; **une cabane à sucre†** sugar shack; **une tarte au sucre** (maple) sugar pie
sucré(e) sweet(ened), containing sugar
un **Sud-Américain, une Sud-Américaine** South American (person)
le **suède** suede
suffire to suffice; **ça suffit!** that's enough!
suggérer to suggest
un **Suisse, une Suisse** Swiss (person)
suivant(e) following
suivre (suivi) to follow; **suivre un régime** to be on a diet
un **sujet** subject
superbe superb
superbon really good, sensational
un **supermagasin** superstore
un **supermarché** supermarket
supplémentaire supplementary
sur on; about; out of (math); **sur place** on the spot
sûr(e) sure, certain; **bien sûr!** sure!; of course!
surnommé(e) nicknamed
surprenant(e) surprising
surpris(e) surprised
surtout above all, especially, most of all
le **sushi** sushi (raw fish)
le **suspense** suspense; **un film à suspense** suspense movie
s.v.p. (s'il vous plaît) please
un **symbole** symbol
sympa(thique) nice, kind, friendly
une **symphonie** symphony
synthétique synthetic
un **système** system, scheme

● ● ● **T**

une **table** table
un **tableau (des tableaux)** (chalk)board
une **tâche** task, job
la **taille** size; height; waist
un **tailleur** tailor; woman's suit
le **talc** (body) powder
le **talent** talent
un **talon** heel; **haut talon** high-heeled shoe
un **tambour** drum
une **tante** aunt
tant pis too bad

taper to tap; to type
tard late; **plus tard** later
un **tarif** price; rate
une **tarte** pie; **tarte aux pommes** apple pie; **tarte au sucre** (maple) sugar pie; **ce n'est pas de la tarte!** it's not easy!
une **tasse** cup
une **taxe** tax
un **technicien, une technicienne** technician
une **télécommande** remote control
un **téléguide** TV guide
téléphoner (à) to telephone
téléphonique telephone
un **téléroman** book adapted for television
un **télescope** telescope
une **télésérie** mini-series
un **téléspectateur** television viewer
télévisé(e) televised
un **téléviseur** television set
un **témoignage** testimony
le **temps** time; **à plein temps** full time; **à temps** in time; **avoir le temps de** to have the time to; **de temps en temps** from time to time; **en même temps** at the same time; **temps libre** free time
tendrement tenderly
tenir to keep; **il tient toujours le coup** he always hangs in there; **tenir les chiens en laisse** to keep dogs on a leash
une **terminaison** ending
terminer to end, to finish
un **terminus** bus terminal
un **terrain** ground; field; **un terrain (de jeu)** (playing) field; **un terrain de camping** campground
une **terrasse** terrace
la **terreur** terror, fear
terrifiant(e) terrifying
une **tête** head
un **texte** text; script
le **thé** tea; **thé glacé** ice tea
un **théâtre** theatre; **une pièce de théâtre** theatrical play
le **thon** tuna
tiens! say!; look here!
des **timbales** f. kettledrums
un **timbre** (postage) stamp
timide timid, shy
un **tir** shot; **le tir à l'arc** archery
tiré(e) taken; pulled
tissé(e) woven
un **tissu** fabric, cloth
un **titre** title; **un sous-titre** subtitle
toi you; **à toi la parole!** it's your turn to speak!

une **toile** cloth

les **toilettes** *f.* washroom; toilets; **un gant de toilette** facecloth

une **tomate** tomato

tomber to fall, to fall down; **tomber malade** to fall sick

ton, ta, tes your

tondre to mow; **tondre la pelouse** to mow the lawn

une **toque** chef's hat

une **tornade** tornado

le **tort** wrong; **avoir tort** to be wrong

une **tortue** tortoise, turtle

tôt early

touchant(e) touching, moving

une **touche** (piano) key; touchdown (football)

toujours always; still

une **tour** tower

un **tour** tour; course; turn; **à son tour** in turn; **faire un tour** to tour; **un tour de force** amazing accomplishment

touristique tourist

le **tournage** shooting (of a movie)

une **tournée** tour

tourner to turn; to film (a movie); **tourner à droite/à gauche** to turn right/left; **silence, on tourne!** quiet on the set!

un **tournoi** tournament

une **tourtière†** meat pie

tous everybody, everyone

tout(e), tous, tout(e)s all; every; **de toute façon** anyway, in any case, at any rate; **tout à coup** suddenly; **tout d'abord** first of all; **tous les jours** every day; **tout le monde** everyone; **tout de suite** immediately; **pas du tout** not at all

la **TPS: la taxe sur les produits et services** GST, Goods and Services Tax

le **trac** stage fright; **avoir le trac** to have stage fright

traditionnel, traditionnelle traditional

un **traîneau** sleigh, sled; **une promenade en traîneau** sleigh ride

une **tranche** slice

transmettre (transmis) to transmit

un **travail (des travaux)** work; job

travailler to work

un **traversier** ferryboat

très very

un **trésor** treasure; **la chasse au trésor** treasure hunt

tricher to cheat

trilingue trilingual (three languages)

triste sad

un **trophée** trophy

une **trompette** trumpet

trop too; **trop (de)** too much; too many

un **trou** hole

trouver to find

tu parles! you're kidding!

un **tuba** tuba

un **tube*** hit record/song

une **tuque†** tuque

un **type** type, sort; guy

typique typical; run-of-the-mill, ordinary

la **TVP: la taxe de vente provinciale** PST, Provincial Sales Tax

••• U

un, une a; one; **quelqu'un** someone

uni(e) united; **les États-Unis** United States

un **uniforme** uniform

unique unique; one of a kind; only

l' **unisson** *m.* unison

l' **univers** *m.* universe

universel, universelle universal

une **université** university

urgent(e) urgent, important

une **usine** factory

un **ustensile** utensil, tool; **ustensile de table** eating utensil

utile useful

utiliser to use

••• V

des **vacances** *f.* vacation, holidays; **bonnes vacances!** have a good holiday! **vacances d'été** summer holidays

une **vache** cow

une **valeur** value

une **valise** suitcase

valoir to be worth; **ça vaut le coup** it's worthwhile

la **vanille** vanilla

varié(e) varied, various

une **vedette** star, celebrity (male or female)

végétal(e) vegetable

végétarien, végétarienne vegetarian

un **véhicule** vehicle

la **veille** the day before; eve

un **vélo(cipède)** bicycle; **une course de vélos** bicycle race; **faire du vélo** to cycle, to go cycling

le **velours** velvet; **le velours côtelé** corduroy

un **vendeur, une vendeuse** salesperson

vendre to sell; **à vendre** for sale

venir to come

le **vent** wind; **un instrument à vent** wind instrument

une **vente** sale; **en vente** on sale

vérifier to check, to verify

la **vérité** truth

le **vernis** glaze; **le vernis à ongles** nail polish

un **verre** glass; **verre de contact** contact lens

vers toward(s); about

un **vert** green (golf)

un **veston** suit jacket

un **vêtement** article of clothing; **un sous-vêtement** underwear

la **viande** meat

une **victoire** victory

vide empty

un **vidéo** video; **une salle de jeux vidéo** video arcade

une **vidéocassette** videocassette

un **vidéo(clip)** (music) video

la **vie** life

vieux, vieille old; **c'est vieux jeu** that's old hat

vif, vive alive; bright

une **ville** city, town; **en ville** downtown, in town; **un hôtel de ville** city hall

le **vinaigre** vinegar

une **vinaigrette** vinaigrette, salad dressing

violent(e) violent

un **violon** violin

un **violoncelle** cello

une **virgule** comma

un **visage** face

une **visite** visit; **visite-échange** exchange visit

visiter to visit

un **visiteur** visitor

visuel, visuelle visual

la **vitalité** vitality

vite quickly, fast

la **vitesse** speed

une **vitre** window

vive...! long live...!

vivre to live

voici here is; here are; that is

voilà there is; there are; **et voilà!** that's it; there you have it!

la **voile** sailing

un **voilier** sailboat

voir (vu) to see

un **voisin, une voisine** neighbour

une **voiture** car

une **voix** voice; **à haute voix** aloud

un **vol** flight; **vol annulé** cancelled flight; **vol domestique** domestic flight

un **volant** badminton bird

volant(e) flying; **un cerf-volant** kite; **un service au volant** drive-through service; **une soucoupe volante** flying saucer

voler to fly; to steal

volontiers gladly, with pleasure

votre, vos your

vôtre yours

vouloir (voulu) to want (to); **je veux bien** I'd like to; **vouloir, c'est pouvoir!** where there's a will, there's a way!; **vouloir dire** to mean

un **voyage** trip; **une agence de voyages** travel agency; **bon voyage!** have a good trip! **faire un voyage** to take a trip

voyager to travel

un **voyageur, une voyageuse** traveller

une **voyelle** vowel

voyons! see here! come on now!

vrai(e) true; real, genuine; right, correct; **pas vrai!** no kidding! that can't be true!

vraiment really, truly

une **vue** view; **un point de vue** point of view

Y

y there; **il y a** there is, there are

les **yeux** *m.* eyes

le **yogourt** yogurt

youppi! hurray!

Z

le **zénith** zenith, highest point

une **zone scolaire** school zone

un **zoo** zoo

zut! darn! rats!

index thématique

Abréviations, 78
Activité physique, 68-69
Affiches routières, 107
Agence de voyages ets, 96-97
Annonceurs de sport
    Lionel Duval, 65
    Jean Pagé, 65
    Marie-Josée Turcotte, 64
Brochures
    Aventure en immersion
        française, 96-97
    SEVEC, 92-94
    Vitalité, 68-69
Centre des Sciences de Toronto,
    104-105
Cinéma
    cinéma jeunesse, 120-122
    CinéSemaine, 127-130
    doublage, 132-133
    en studio, 131
    films pour jeunes, 120-122
    maintenant à l'affiche!, 136-137
    Marina Orsini, 124-125
    vidéo-manie!, 135
Demers, Rock, 120-122
Dion, Céline, 35
Disques
    compacts, 34-36
    magasins HMV, 46-47
Doublage au cinéma, 132-133
Duval, Daniel, 65
Environnement
    guide d'Environnement
        Canada, 154-155
    soins personnels, 154-155
Excursions scolaires
    les affiches parlent!, 107
    bonne route!, 103
    Centre des Sciences de Toronto,
        104-105
    l'embarras du choix!, 99-102
    en route!, 108-109
    Laurentides, 96-97
    modes de transport, 103
    Montréal, 94
    Ottawa et Hull, 93
    Québec, 92

SEVEC, 92-94
Films
    La grenouille et la
        baleine, 122
    La guerre des tuques, 122
    Le Martien de Noël, 122
    Opération Beurre de pinottes,
        120-121
Français
    stratégies d'apprentissage,
        164-165
Genre des noms, 48
Hart-Rouge, 34
HMV, 46-47
Info-Quiz
    à la carte! 22-23
    chic, alors!, 166-167
    en route!, 108-109
    le monde du sport!, 80-81
    maintenant à l'affiche!,
        136-137
    musique-manie, 50-51
Jalbert, Laurence, 36
Kashtin, 38-39
Laurentides
    excursion scolaire, 96-97
Masse, Julie, 35
Menu de restaurant
    St-Hubert, 8-10
Montréal
    excursion scolaire, 94
Musique
    Les B.B., 35
    Céline Dion, 35
    Laurence Jalbert, 36
    Kashtin, 38-39
    Hart-Rouge, 34
    Daniel Lavoie, 35
    magasins HMV, 46-47
    Julie Masse, 35
    musique-manie, 50-51
    le pour et le contre, 45
    MC Solaar, 34
    Richard Séguin, 36
    symphonique, 49
    Roch Voisine, 36
Nourriture
    à la carte!, 22-23
    l'art de commander, 17
    bonne saveur!, 21
    chaînes de casse-croûte, 6-7
    « fast food », 3-4, 12
    hot dog santé, 18
    publicité, 12
    restaurant St-Hubert, 8-10

ViteFête, 14-16
Pagé, Jean, 65
Préfixes, 106
Radio
    annonceurs de sport de Radio-
        Canada, 64-65
Séguin, Richard, 36
Soins personnels, 148, 154, 170-172
Solaar, MC, 34
Sports
    activités physiques, 68-69
    annonceurs, 64-65
    ça, c'est le comble!, 71-74
    Jeux paralympiques, 76-77
    langage du sport, 67
    le monde du sport!, 80-81
    parlons sport!, 75
savoir faire
    apprendre le français, 164-165
SEVEC, 92-94
St-Hubert
    menu, 8-10
Tu ou *vous?*, 20
Turcotte, Marie-Josée, 64
Vêtements
    ça te va très bien!, 161
    chic, alors!, 166-167
    garde-robe d'été, 149
    mode d'autrefois, 150-152
    les jeans, 162-163
    les slogans publicitaires, 153
    vive l'été!, 156-160
Vidéo
    comment faire un vidéo, 135
Voisine, Roch, 36

index linguistique

adverbes
    adverbes utiles, 52
    bien, 56
    de quantité, 26
    en -*ment*, 56
    formes comparatives, 56
    formes superlatives, 56
dire, 138
en, 24
expressions de quantité, 26
participe passé
    verbes comme *jouer, finir,*
        perdre, 83
    verbes comme *aller, partir,*
        descendre, 110
    verbes irréguliers, 140
passé composé
    verbes avec *avoir*, 82
    verbes avec *être*, 110
    verbes irréguliers, 140
verbes
    passé composé, 82-83, 110, 140
    réfléchis, 168
verbes irréguliers
    dire, 138
    passé composé, 140
verbes réfléchis
    présent, 168

ILLUSTRATIONS : *p.144:* Katherine Adams; *pp.55, 75, 91, 103, 119, 126, 135, 170:* Steve Attoe; *pp.24, 26, 52, 56, 79, 82, 110, 140, 168:* Philippe Béha; *pp.33, 49, 66:* Bill Boyko; *pp.50, 51, 80, 81:* Adam Cohen; *pp.136, 137:* Normand Cousineau; *pp.84, 95:* Suzanna Denti; *pp.4, 5, 30, 31, 60, 61, 88, 89, 116, 117, 146, 147:* Helen DeSousa; *pp.6, 52, 58, 78, 86, 118, 143:* Daniel Dumont; *pp.64, 83, 120, 121, 122, 134, 149:* John Etheridge; *pp.140, 141:* Norman Eyolfson; *pp.26, 67, 113, 149:* Mario Gailloux; *pp.13, 20, 24, 46, 47, 71, 72, 73, 74, 114, 131, 134, 153, 164, 165:* Michel Garneau; *pp.20, 37, 48, 55, 78, 82, 142:* Janice Goldberg; *pp.95, 106, 144, 149, 168:* Tina Holdcroft; *pp.56, 99, 100, 101, 102, 110, 111, 161:* Anthony Jenkins; *pp.7, 154, 155:* Danielle Jones; *pp.86, 98:* Susan Leopold; *pp.63, 139:* Ainslie McLeod; *pp.21, 48, 54, 112, 123, 138:* Marc Mongeau; *p.70:* Mike Moran; *pp.38, 39:* Alex Murchison; *p.27:* Claus Oldenberg; *p.124:* Heather Price; *pp.33, 171:* Alain Reno; *pp.108, 109:* Wayne Vincent; *pp.27, 169, 172:* Graeme Walker; *pp.11, 40, 85, 90, 127, 128, 129, 130:* Dave Whammond; *pp.21, 22, 23, 53, 62, 166, 167:* Russ Wilms

PHOTOGRAPHIE : *pp.2, 3, 7, 19, 22, 23, 25, 28, 29, 48, 59, 123, 142, 148, 162, 163:* Ray Boudreau, avec les étudiants des écoles Agincourt Collegiate Institute, Mowat Collegiate Institute et Sir Winston Churchill Collegiate Institute; *pp.8, 9, 10, 12, 18, 19:* Peter Chou; *pp.5, 14, 15, 30, 41, 42, 43, 44, 46, 68, 69, 90, 91, 99, 100, 101, 102, 150, 151, 152, 156, 157, 158, 159, 160, 171:* Gilbert Duclos Photographe; *pp.34, 35, 36, 56:* Ian Sinclair

PHOTOS : *p.4 a:* Michael Skoff/The Image Bank Canada; *b:* J. Lama/Publiphoto; *p.5 b:* P.G. Adam/Publiphoto; *p.30 a:* Lou Jones/The Image Bank Canada; *p.31 a:* Werner Bokelburg/The Image Bank Canada; *b:* Publiphoto; *p.37:* Delphine Loic/Publiphoto; *p.38:* D. Alix/Publiphoto; *p.39:* M. Gabr/Publiphoto; *p.45:* A. Brunner/Publiphoto, *p.53:* Kim Keitt/The Image Bank Canada; *p.57:* Publiphoto; *p.60 a:* Marc Romanelli/The Image Bank Canada; *b:* Superstock/P.R. Production; *p.61 a:* Superstock/Ron Dahlquist; *b:* Janeart/The Image Bank Canada; *p.63:* Tsakalakis/Publiphoto; *p.78:* P. Roussel/Publiphoto; *p.85:* Choice Photos/The Image Bank Canada; *p.88 a:* Zimbel/Publiphoto; *b:* Philippe Royer/Publiphoto; *p.89 a:* P. Roussel/Publiphoto; *b:* R. Kocsis/Publiphoto; *p.92 a:* Superstock/Derek Trask; *b:* Superstock/The Photo Source Collection; *p.93 a:* Adam/Publiphoto; *b:* P. Brunet/Publiphoto; *c:* Paul Adam/Publiphoto; *p.94 a:* Guy Schiele/Publiphoto; *b:* A. Cartier/Publiphoto; *c:* Superstock/Pierre Girard; *p.96:* J.C. Teyssier/Publiphoto; *p.97 a:* Paul Trummer/The Image Bank Canada; *b:* J.P. Danvoye/Publiphoto; *c:* R. Poissant/Publiphoto; *p.106:* D. Alix/Publiphoto; *p.111:* Janeart/The Image Bank Canada; *p.114:* Publiphoto; *p.115:* Bernard Annebicque/Publiphoto; *p.116 a:* Eric Preau/Publiphoto; *b:* M. Rosenthiel/Publiphoto; *p.117 a:* Douglas Kirkland/Publiphoto; b: H. Beaulieu/Publiphoto; *p.118 a:* Douglas Kirkland/Publiphoto; *b:* D. Melloul/Publiphoto; *p.120:* H. Beaulieu/Publiphoto; *p.132:* Publiphoto; *p.133:* Publiphoto; *p.134:* Publiphoto; *p.145:* Hideki Fugii/The Image Bank Canada; *p.146 a:* Maria Taglienti/The Image Bank Canada; *b:* Gary Gladstone/The Image Bank Canada; *p.147 a:* David Vance/The Image Bank Canada; b: Publiphoto